怖れるなかれ《フィア・ノット》

愛と共感の大地へ

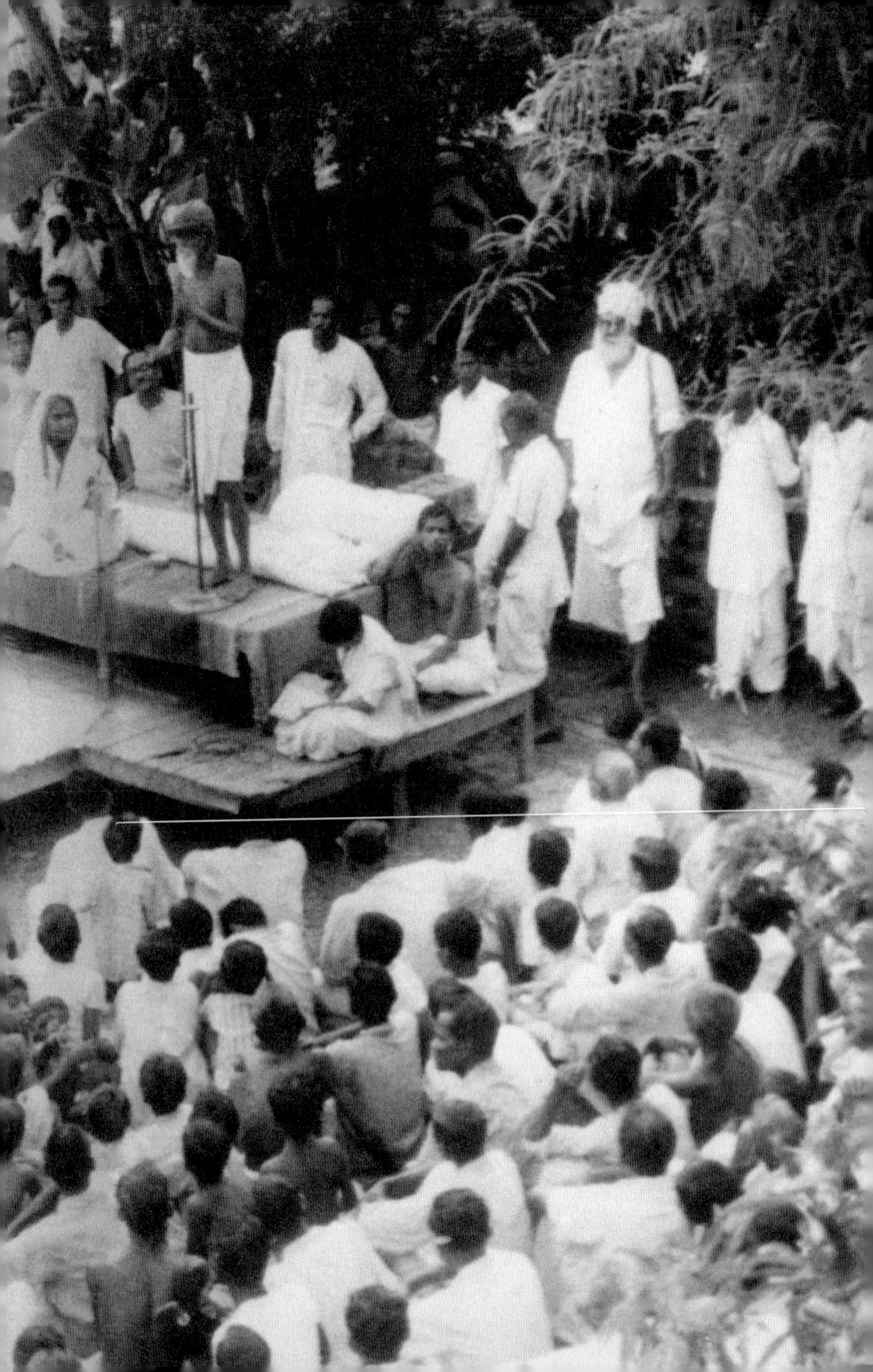

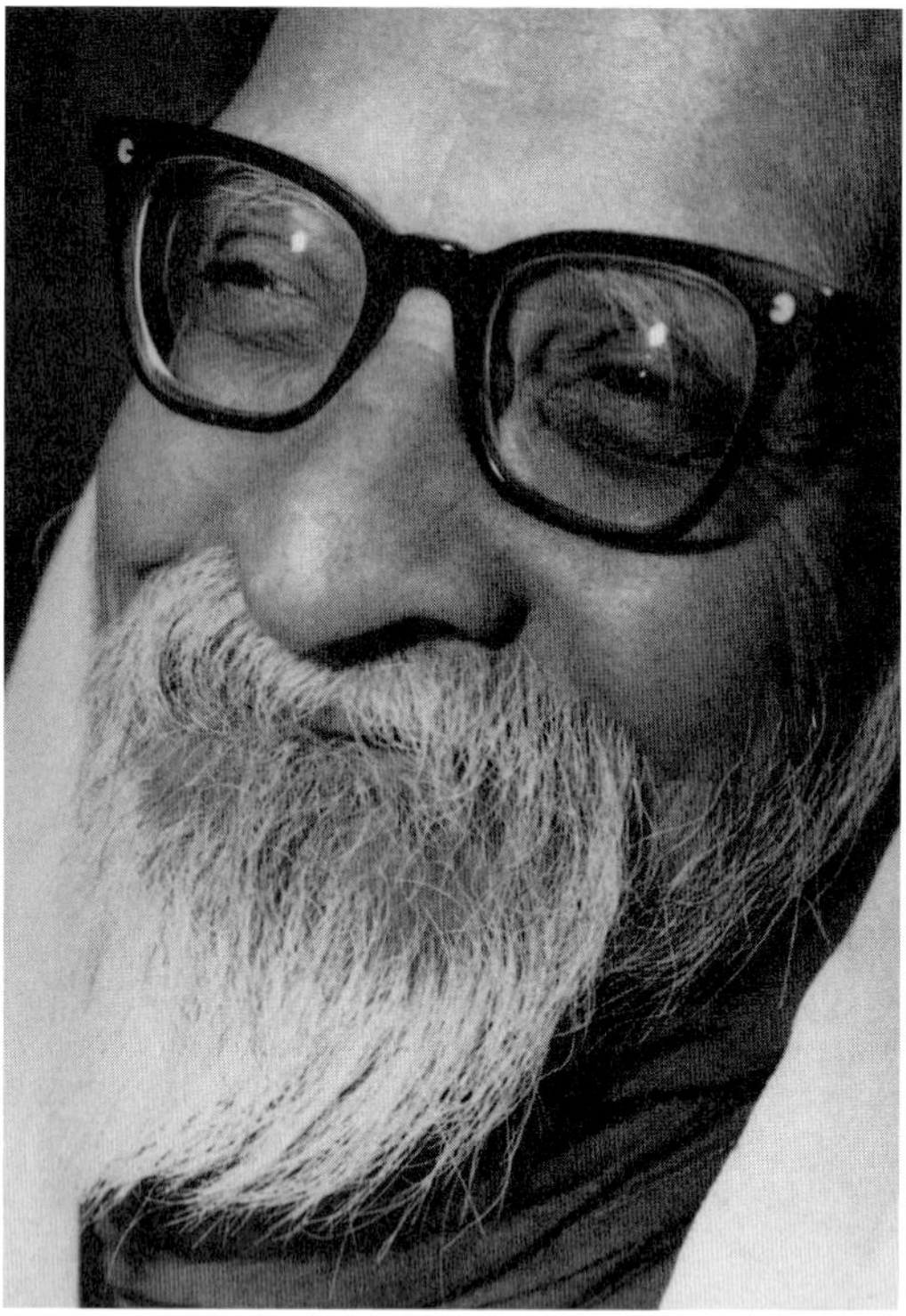

私が何派に属しているのか、と人は問う。
私が属しているのは、頭のおかしな人々のコミュニティだ。
私は狂っている。
そして、みんなも狂ってほしいと願っている。

ビノーバ・バーベ

ビノーバ・バーベ (Vinoba Bhave)

インドの思想家。社会運動家。非暴力・不服従運動(サティヤーグラハ)の指導者。一八九五年九月十一日、インド・マハーラーシュトラ州コラバ地区ガゴダ村(現ライガット地区ガゴダバドラック)生まれ。子どもの頃から質素な生活を好み、自己を鍛錬、精進した。十歳のとき、「学問と求道に専心し、独身のまま、無私で人々に尽くす」と誓いを立てる。幼少の頃に、インドの古典『バガヴァッド・ギーター』を読み、感銘を受けた。サンスクリット語の『ギーター』を母にもわかりやすく読んでもらいたいと、哲理の究明、多言語への翻訳、著書の出版、講義活動をライフワークとした。一九一六年、二十歳の大学生のとき、学校教育に満足できず、成績書類を焼き捨て旅に出る。その旅の途中で、バラナシ(ベナレス)に開校したヒンドゥー大学でのガンディーの演説記録に魂を揺さぶられ、同年六月七日、ガンディーと初対面。意気投合し、アシュラムに参加した。村落の生活改善、産業の育成、基礎教育運動(ナイタリム)など、自立の思想の実践に尽力する。また、イギリスからの独立を目指し、非暴力・不服従運動を展開。一九二〇年代から三〇年代に何度も投獄され、四〇年代には計五年間の懲役刑を受けた。刑務所では語学の習得や古典研究に専念、その場を一種のアシュラムへと変貌させた。看守たちも彼のことを師《グル》のように敬ったという。一九四〇年、ガンディーは非暴力・不服従運動の第一指導者にビノーバを選任。一九四七年にインドが独立、翌四八年にはガンディーが暗殺されたが、ビノーバはひるむことなく、サルヴォダヤ(万人の飛躍)思想に基づく社会運動を推し進めていく。一九五一年四月十八日、ポチャムパリ村の貧困層からの願いに応じ、大土地所有者に自主的な土地の贈与を呼びかける〝土地寄進(ブーダーン)運動〟を開始。この運動は約十五年続き、その間、インドの全土約六万キロ(地球一周半)の道を歩き、約四百五十万エーカー(四国に相当する面積)の土地や一千の村を譲り受け、約五十万世帯の貧しい農民たちに分け与えたとされる。晩年は、マハーラーシュトラ州パウナールに設立した、女性のためのコミュニティ、ブラフマ・ヴィディヤ・マンディル・アシュラムで過ごす。最期は病気のため死を覚悟し、食糧や薬の受け入れを拒否、一九八二年十一月十五日、八十七歳で逝去した。一九五八年、国際ラモン・マグサイサイ賞のコミュニティリーダーシップ賞を受賞、一九八三年、バーラト・ラトナ(インド最高の民間人賞)が授与された。

『The Intimate and The Ultimate』
by Vinoba Bhave
Edited by Satish Kumar
Green Books 2004

First published in Great Britain
in 1986 by Element Books

『Vinoba Darshan』
Photographs by Gautam Bajaj
Ranjit Desai

目次

目次

我が師、ビノーバ——怖れを知らぬ闘士

サティシュ・クマール

ビノーバ・バーベの名は、マハトマ・ガンディー亡き後のインド中に響きわたった。その名前自体が、この偉大な人物の性格を物語っている。ビノーバの「ビヌ（Vinu）」とは、象の頭をもつ知恵の神ガネーシャ（Ganesh）の別名。そこに、母を意味する「バ（Ba）」が、彼の女性的で母性的な性格を表すために後につけ加えられた。バーベは、彼の出自カーストであるブラーミン（◈32頁）を指す。

マハトマ・ガンディーがインドの独立運動に「非暴力」をもたらしたように、ビノーバ・バーベは社会的、経済的な改革のために、「共感」という方法を用いた。十八年にわたって彼は、広大なインド亜大陸（◈32頁）中をくまなく歩いた。彼が訪れたすべての村と町が、すべての丘が、川や谷が、その愛と笑いに触れて、歓びに震えた。

天が彼に与えた仕事は、慈愛の王国をうち立てることであり、この世から抑圧をなくす

ことだった。そのために彼がとった方法は、常に母なる大地と共にあること。だから、彼はどこに行くにも自分の二本の脚で歩いた。その足は、他の交通手段で行くことのできない、インドの隅々にまで達した。

ビノーバの運動が目指したのは、すべての男女が母なる大地の恵みを分かち合えるようになること。ある子どもだけが母の愛を受けて、他の子どもが受けられないなどという家族が、一体ありうるだろうか？　そう、ビノーバは問うのだった。

答えは明らかだった。土の上で、草木に混じって、動物と共に働くこと。それが私たちを身体的に、物質的に、経済的に、そして精神的に支え、高めてくれる。とすれば、ほんの少数の者が土地を所有し、他の大多数がそこから締め出されるとは、なんとおかしなことだろう。

大地は神のもの。ならば、その土地は万人に属するか、誰のものでもないか、のどちらかに違いない。土地を創った者はいない。それなら、一体なんでその所有を主張できるのか？　空気、水、陽光、森、丘、川、そして土は、私たちが受け継いだ地球史の遺産の一部だ。それを占有したり、傷つけたり、汚したり、壊したりする権利をもつ者などあるわけがない。大地の果実はただ神の贈りものとしてありがたく受け取り、必要がなければ神にお返しするものだ。
そう考えたビノーバは、家という家の扉をたたいて、地主、資本家、そして共産主義者たちに、大地との、そして人民との、新しい関係を築くべきことを説いて回ったのだった。そして彼は、何百万という人々の心と魂をつかんだ。多くの人が財産の一部を、進んで貧民や小作農のために差し出した。そうしてビノーバは、贈与された四百五十万エーカーの土地を集め、それを土地のない人々に分け与えた。

もしあなたが金持ちなら、与えなさい。もし貧乏なら、やはり与えなさい。

何も与えるものをもたない者などいない。ある者は土地、ある者は財産、ある者は知的な才能、またある者は肉体的な能力をもっている。さらに、愛情や思いやりはすべての人間の心に溢れている。誰もが与え、贈るべき何かをもっている。だから、「与えよう、贈ろう」

〝ギフトを贈る〟ことを訴えるビノーバの運動は、人々の心を奮い立たせた。ある者は土地を、ある者は労働を、お金を、道具を、そして知識を、贈りものとして差し出した。

それは「想像力の経済」と呼ぶべきものだった。ビノーバという〝乞食聖人〟の物乞いを拒否できる者はほとんどいなかった。彼の活動は地主たちを敵視するものではなく、彼らがよい行いをできるように手助けするためのものだった。贈与の精神というものは、反対や対抗に満ちた雰囲気の中では育たない。対立は、それ自体が一種の暴力であり、人が心から変化する機会を奪い、互いが歩み寄る温かい雰囲気をつくる代わりに、各人を不安にしてしまう。公平な視点からものを見る代わりに、各人が自分の殻に閉じこもってしまうのだ。

それをビノーバはこんなふうに説明したものだ。

「一軒の家を例にとってみましょう。その中に入りたいけれど、周囲は高い塀で囲まれている。その壁をなんとか突き破ろうとするができない。できないだけではなく、ケガしてしまうでしょう。でも、小さな扉を見つければ、家に入って、行きたい場所に行けるでしょう。でも、そのためには扉を見つけなければならない。地主と会うときもそれと同じです。その人は多くの問題や欠点を抱えていて、その利己心は塀のように立ちはだかっているかもしれない。それでもきっと彼の心の中には小さな良心があって、それこそが、高い塀のどこかに開いている小さな扉なのです。もしあなたにその扉を見出す心構えがあれば、あなたは自分自身の利己心を超えて、相手の人生の中に入ってゆくことができるでしょう。その相手にどんな短所があるかなど、気にせずに、扉を見つけなさい。私はその小さな扉を、すべての資本家や地主の中に見つけようとしています。もしその扉を見出せなければ、それは私の失敗です。つまり、相手の欠点という壁を壊そうと、自分の頭を打ちつけていただけなのです」

ビノーバには、私的な野心というものがなかった。彼にとって人生とは、神の知についての探求だった。インドの問題とは、彼にとって政治や経済の問題ではなく、スピリチュアルな問題だった。彼の〝信じる心〟はとてつもなく大きかった。地主を今日説得できなかったら、明日には必ずできると彼は信じていた。

ビノーバという一人の人間の中に、聖人、学者、賢者、神の召使が生きていた。こうした資質を認めたマハトマ・ガンディーは、ビノーバを最初の〝サティヤグラーヒ（真実の闘士）〟に選び、英国によるインド支配を終わらせる闘いの先頭に立たせたのだった。インドの民衆にビノーバを紹介するために、ガンディーはこう書き記している。

「ビノーバ・バーベとは誰でしょう？　なぜ彼が良心的不服従を体現する人として選ばれたのでしょうか？　一九一六年に私がインドに戻った後、ビノーバは大学を中退しました。彼はサンスクリット研究家です。私たちがアシュラムを開いた当初からの仲間なのですが、よりよく運動に貢献できるようにと、間もなく一年間の〝休暇〟をとって、サンスクリットの研究を続けました。そしてアシュラムを去った一年後の同じ日のほぼ同じ時刻に、何の前触れもなく戻ってきました。彼はアシュラムで日々行われるあらゆる作業——道路清掃から料理まで——に参加しました。驚異的な記憶力を誇る天性の学者である彼が、一番多くの時間をつぎ込んだのが糸紡ぎで、その技術は名人級です。万人が日々糸紡ぎに勤しむことこそが、インドの村々から貧困をなくすだろうと、彼は信じています。天性の教師である彼は、工芸を通じた教育の発展のために、大いに貢献してくれています。彼が制作した教科書は、糸紡ぎを例に、工芸について論じています。そして糸紡ぎをバカにする人たちにもわかるように、いかにそれが最も優れた工芸であるかを教えています。彼ほど完璧な糸紡ぎができる人は、恐らくインド中を探してもいないでしょう。〝不可触民《アンタッチャブル》〟（◈32頁）という考えを彼は全面的に拒否しました。彼は、コミュニティの団結の重要さを、私に負けないくらい固く信じています。イスラムの思想の素晴らしさを知ろうと、彼は一年かけてコーランを原典から学びました。もちろんそのためにアラビア語を学んだのです。周りにはいつも彼の教えに付き従う人々の群れがあって、彼の求めがあれば、どのような犠牲をも厭いません。彼のもとで訓練を受けたある若者は、ハンセン病患者たちの世話に身を捧げています。医学には縁のなかった彼は、一途な献身の末に、ハンセン病治療の方法を身につけ、今では数カ所で専門クリニックを運営しています。この人のお陰で何百という人が救われているのです。ビノーバはインドが政治的に独立しなければならないと信じています。しかし、真の独立は建設的な仕事のプログラムなしには不可能だとも考えています。糸紡ぎこそが、彼の考える非暴力独立運動の象徴です。彼は政治の世界で脚光を浴びたことはありません。多くの仲間たちと共に、彼は、目立たない場所で静かに展開する建設的な仕事や不服従の闘いの方が、すでに過密状態にある表舞台の政治よりははるかに効果的だということを信じているのです。そして、こうした建設的な仕事があればこそ、非暴力・不服従運動もまた可能だということを」

ガンディーがビノーバについて書いたのは、しかし、これが最初ではなかった。

一九一六年の六月、ガンディーはビノーバの父親にこう書き送っている。

「あなたの息子さんは私のもとにいます。彼はまだ、うら若い年齢で、私が長い年月を要した鍛練を経て、すでに高い精神性に到達しています」

またガンディーはビノーバ自身に宛ててこう書いている。

「君を形容する言葉を私は知らない。君の愛情と品性は、私を圧倒する」

またあるとき、ガンディーはビノーバについてこう表現した。

「彼はアシュラムの輝く真珠の一つです。他の多くの者がアシュラムによる祝福を求めてやってくるのに対して、彼はアシュラムを祝福しに来たのです。受け取るためではなく、与えるために！」

一九三二年、ビノーバはマハトマ・ガンディーに手紙を書き、村々での自分の活動を詳細に報告した上で、指導を求めた。それに答えてガンディーはこう書いた。

「何かを言わねばならないとすれば、こう言うことで足りるだろう。君の厳しい試練はこの地上から天国へと橋をかけるに違いない、と」

それから少し後、ガンディーはビノーバに宛ててこう書き送っている。

「君からの愛と信頼は、私の目を歓びの涙でいっぱいにする。それだけの価値が私にあるのかどうかは知らない。しかし、それが君自身にとって限りなくよいことであるのは確かだ。君の助けによって大いなる仕事が成し遂げられるだろう」

そのガンディーの言葉に間違いはなかった。一九四八年、ガンディーが暗殺されたとき、ビノーバこそ、その遺志を継ぐ後継者にふさわしいと人々は思った。彼こそがガンディーの仕事――正直で簡素な生き方を通じて、スピリチュアルな向上と社会の向上を成し遂げる仕事――を継続する人に違いない、と。

ビノーバは早速、貨幣経済からの解放を目指す実験に飛び込んだ。彼はツルハシをふるって石ころを掘り出し、荒れ地を農地へと変える、いつ果てるともない重労働に取り組んだ。彼と仲間たちはこうおごそかに宣言した。アシュラムで食べものを育てるまでは食べず、自分たちの手で糸を紡ぎ、織るまでは着ない、と。

労働という形以外の寄付は一切受け取らない。ビノーバは井戸を掘り始めた。近隣の地域から何百という志願者や学生たちがこの事業に参加した。一日の労働の終わりには、みんなが日没の祈りのために集まった。全身泥だらけのビノーバは、立ったまま祈祷を執り行った。大声で献身の歌を歌いながら、彼は歓びと高揚感で踊っているのも同然だった。

金銭なしに、贈与されたものだけで生きることを、ビノーバはボランティアや社会活動家たちに指示した。後に、私が平和のための巡礼（◈32頁）で世界を歩いたときにも、ビノーバは私にお金をもたずに行くことを勧めた。彼は私にこう言ったものだ。

「お金は人を傲慢にする。一日二十マイルを歩いた後、君は疲労困憊し、腹をすかせているに違いない。レストランを見つけることもできるし、ホテルで眠ることもできる。そして翌日、また自分の足で歩き始める。これでは、君は誰一人必要としない。でもお金をもっていなければ、君はどうにかして、寝床と食べものを与えてくれる親切な人を見つけなければならない。君は謙虚さを身につけねばならないだろう。そして、相手の人たちを、選んだり、評価したり、差別したりすることなく、ただそのままに受け入れることを学ぶだろう。でもお金があれば、君は欲しいものが買えると思い、だから、誰と出会い、誰を避けるかを選べると考えてしまう。平和のために自由意志で働こうという者にとって、そんな好き嫌いは邪魔になるだけだ。貨幣経済から自由でありなさい。君の心からの愛をもって平和のために働きなさい。人々を、そして神を信じて」

私はその助言に従った。そしてそのことに感謝している。

ビノーバにとって、信頼、贈与、そしてスピリチュアリティについての最初のレッスンを与えられたのは、敬虔なヒンドゥー教徒であった母ルクミニだった。彼女は何百という宗教歌を諳んじていて、よく歌っていた。ある日、乞食が家に来て施しを乞うた。彼女はご飯をたっぷりと与えた。ビノーバは少し戸惑って、母に訊ねた。

「それは怠け者を甘やかすことになりませんか。あの人は若くて体も強そうだから、働いて身を立てるべきです」

息子の優等生的な考え方が気に入らなかったらしい母は、こう答えた。

「施しを受ける資格のある者と、ない者を区別する資格が、果たして私たちにあるのかしら！」

ルクミニは、常にビノーバがいかなる怖れからも自由であること、すべての生きものに寛大であること、そして、他者のために尽くすことを望んだ。彼女によってビノーバのうちに撒かれた深遠なスピリチュアリティの種は逞しく育った。そして彼は十歳にして自己実現と人々への献身のために、生涯独身を貫くことを誓った。彼の二人の兄弟も若くして独身の誓いを立てた。

ビノーバは学校が嫌いで、早くそこから抜け出したいといつも思っていた。現存する学校や大学というところは、最も従順な召使たちを製造する工場にすぎない、と彼は友人たちに話していた。ある日、台所で、母親のそばに座っているときのこと、ビノーバは丸めた書類をとり出して火にくべた。

「何をしているの？」、と母がびっくりして訊いた。

「学校と大学でもらった成績書類を燃やしているんです」

「でも、いつか、それが必要になるかもしれないわ」

「いや、今後一切、私には無用の品です」、とビノーバは言い張った。

というわけで、彼の成績書類は消えてなくなってしまった。

ビノーバは友人たちに大学を中途退学したいと漏らしていた。ボンベイで行われる卒業試験の数日前、彼は友人とボンベイ行きの電車に乗っていた。彼はその友人に手紙を託し、試験が終わる前に投函しないようにと言い残して、途中下車してしまった。手紙は自分の父親宛てだった。

「私がどこへ行こうと、決して道に背いた行動をとらないことを、お父さんはきっと信じていてくれますね」

ビノーバは聖地であり、サンスクリット語学とスピリチュアリティ研究の中心地であるベナレスに行った。ガンジス河の畔に坐して、修行者や学者たちと共に、彼は学び、沈思し、瞑想し、自らの哲学を鍛えた。

結局、ビノーバは聖者と言われる人々が、自らを現実の世界から切り離してしまっていると感じた。神と世界とが別々の二元論では、全体性が失われてしまう。「神は世界を通してのみ実現されるのだ」、とビノーバは考えた。

彼がマハトマ・ガンディーを見出したのはちょうどそのときだった。インドを大英帝国という足かせから解放しようと奮闘していたガンディー、〝不可触民〟として虐げられてきたハリジャンを、カースト制度のくびきから自由にする運動に取り組んでいたガンディー、農村の再生を目指すガンディー、アシュラムと呼ばれる労働と祈りと心の浄化のコミュニティをつくり、自らそこに暮らすガンディー……、そのアシュラムを訪れたビノーバとガンディーとは、たちまち深い共感で結ばれた。ビノーバにとって、それはついに生涯の師を見出した瞬間だった。そのとき以来、ビノーバは自らの生を、神の探求と人民――とりわけ、貧しい人々――への奉仕のために捧げた。

貧民に仕えたいというビノーバの情熱にはっきりとした形が与えられたのは、テランガーナ州のポチャムパリ村だった。この地域ではハリジャン〝不可触民〟たちによる地主階級への暴力的な衝突が起こり始めていた。この蜂起の中心的な場所と見られたのがポチャムパリだった。

ビノーバはそこで何が起こっているのかを見ようと歩いていった。村に現れた彼をハリジャンたちが取り囲み、助けを乞う。「自分たちには職も、耕す土地もない」、と彼らは説明した。「土地さえあれば、生きていけるのに」、と。

どうしたらいいか、ビノーバにはわからなかった。ただ、その晩、開かれる集まりに、すべてのハリジャンも集まるよう、要請した。土地なしの労働者、腹を空かせた貧民、そして地主たちを含む四十家族が集会に参加した。祈りと糸紡ぎの後、ハリジャンの一人が立ち上がって、熱っぽく語った。

「我々は母なる大地に仕え、その果実を受け取ります。貧困を解決する方法はただ一つ、土地だけです。その土地を我々にください」

どのくらいの広さの土地が必要なのか、とビノーバは訊ねた。貧民たちは互いに相談してから言った。

「私たち四十の家族のそれぞれに二エーカーがあればやっていけます。だから合わせて八十エーカーです」

ビノーバに解決策はなかった。ただ、静かな声で彼は、「その土地を与えてくれるよう政府に依頼する」、と言った。そのとき、ふと彼の心にある考えが浮かんだ。この集まりに来ている村の誰かが、貧しいハリジャンたちのためにいくらかの土地を差し出したいと思うかもしれない。彼は視線を上げて、集まっている人々に優しく微笑みかけ、何も期待せずに、いつもの調子でこう語りかけた。

「兄弟たちよ、どなたか、ハリジャンの友人たちを助けられる人はいませんか。彼らには、土地さえあれば一生懸命働いて自活していく用意があります」

地元の大土地所有者の一人、ラムチャンドラ・レディが立ち上がり、ビノーバに向かってこう言った。

「私の父は遺言で、わが家の二百エーカーの土地のうち半分は、誰かそれにふさわしい人々に差し上げるべきだ、と言っています。その後何年も、私はそれについてどうしたらいいかわからなかった。でも、今日こそ、最良の機会をいただいた。どうか、私からの百エーカーの土地を受け取っていただきたい。私にとってそれはこの上ない光栄です」

ビノーバにも、そしてその場にいた誰にも信じられない言葉だった。これが現実とは思えなかった。しかし、ラムチャンドラ・レディはその場に立ったまま、ビノーバの反応を待っていた。

ビノーバは圧倒されていた。奇跡が起こったのだ。ハリジャンたちは八十エーカーの土地を望み、寄進者は自らの意思で百エーカーを差し出すという。ビノーバはもう一度、ハリジャンたちを見つめた。彼らは百エーカーの寄進の申し出があったことを承知しながら、自分たちの八十エーカーにこだわっていた。そして、真心を込めて母なる大地に仕えるという誓いを繰り返すのだった。そこには一かけらの貪欲も誘惑も存在しなかった。涙を拭ってから、ビノーバはこう人々に語りかけた。

「私はここに空っぽの手でやってきて、明日の朝にはまた次の村へと、やはり空っぽの手のままで向かいます。今夜のこの集いには、贈る者と贈られる者とが同席しています。この場で両者に土地の授受を行っていただこうではありませんか。贈る側にはぜひ金銭も少し提供していただいて、みんなが共同で作業できるように必要な器具などを用意しましょう」

ラムチャンドラ・レディはうやうやしく頭を下げ、ビノーバの言う自分の責任を受け入れた。ハリジャンたちもひれ伏して、ビノーバの足先に触れた。ビノーバはその場で早速、贈り主、ハリジャンの代表二人、そして村の経験豊富な農民二人からなる五人委員会をつくった。そして彼はこう宣言した。

「人は自分の思考の力のみによって行動するのではない。崇高なる行動の背後には常に神の手が働いているのです。私は神を信じ、神の名のもとに働く者。それが神意であるなら、私は村から村へと貧者のための土地の寄進を求めて歩くでしょう」

こうして、偉大な土地寄進ムーブメントが始まったのである。

貧者を愛し、彼らと同じように暮らし、彼らの中に神を見出すということは、しかし、貧民を支配し、搾取する社会を受け入れることを意味しない。ビノーバは貧民を守るための怖れを知らぬ闘士となった。

あまりに多くをもっている少数のせいで、あまりに多くの人々が生きる糧すらもたずにいる。「足るを知る」ことができないために、私たちは貪欲の底なし沼にはまってしまうことになる。ビノーバは人々に、貧しい者を憐れむのではなく、彼らのように生きることを説いた。貧しい者を悲惨さや飢餓の淵に追い込むことで、実は、私たちは自分自身を傷つけているのだ。貧者は同じ人間家族のメンバーであり、我々自身の一部に他ならない。もしあなたが五人の子どもをもっているなら、貧者を六番目の子どもと見なし、六分の一の財産をもたざる者のために分け与えよ、と。

こうしたビノーバの信念は、偉大なパワーを秘めていた。その証拠に、彼が徒歩による長旅の途中で野営している藁や竹の小屋に、時の首相や大統領が次々に訪ねてくるようになった。ビノーバは州政府のあるような、大きな都市を避けていた。貧しい者たちが歓迎されないような所へは、例えそれが王宮であろうと、寺院であろうと、自分は行きたくない。政治家も一般市民も、ビノーバのような人物に対して大きな敬意を払ったところに、インドならではの精神文化が表現されていた。

七十五歳のとき、ビノーバはすべての行動を放棄する決意をした。人生の第四期（◈32頁）、すなわち、すべての世俗的な行いをやめて、自己実現のための精神生活と来世への準備の時期に入ったのだ。彼は旅をやめて、無言の行に入り、祈祷と瞑想と沈思のために時間を費やした。

八十七歳のとき、彼は身体的な限界を感じた。死の神がゆっくりと近づいてくるのを彼は見た。

医者たちが何とか彼を死から救おうとしたが、彼には死への怖れはなかった。もし生きることが祝福すべきものなら、死とはその完成に他ならない。ビノーバはその死を抱きしめるために前へと進み出た。そして食べもの、飲みもの、薬を絶った。

彼がこの堂々たる一歩を記したとき、彼の友人や弟子たちはみな、偉大なる出発のときが近づいたことを知った。インド中から何千という人々の群れがビノーバの周りに集まった。八日の後、彼は完全なる平和のうちに天国へ旅立った。

一九八六年、ハートランドにて

サティシュ・クマール

◈**ブラーミン**（Brahmin）　インドのカースト制度で最高位に位置するバラモン教（古代のヒンドゥー教）やヒンドゥー教の司祭階級の総称。サンスクリット語のブラーフマナ（brāhmana）を漢訳した婆羅門（バラモン）の英語。ブラーマン（Brahman）とも。

◈**インド亜大陸**　インド半島ともいい、インド、バングラデシュ、パキスタン、ネパール、ブータンなどの国々を含む大陸と半島。

◈**不可触民**（アンタッチャブル）　インドのカースト制度のもとで、カースト外に置かれた最下層民。触れることを忌む賤民（せんみん）であると、身分差別された。ガンディーは彼らをビシュヌ神の子を意味するハリジャンと呼び、差別撤廃運動を行った。一九五〇年に制定されたインド憲法により、差別は法制度上、廃止された。

◈**平和のための巡礼**　サティシュが二十五歳のとき、当時四つの核保有国の首都（モスクワ、ロンドン、パリ、ワシントンDC）へ、核廃絶を訴える平和巡礼を行った。およそ一万三千キロの道を、無一文・徒歩で、二年半かけて踏破した。

◈**人生の第四期**　ヒンドゥー教の教えにある人生の四期のうちの最後の第四期。その前には、人生に必要な準備と学びのための第一期、家庭をもち、子どもを育てるなど、世間的な諸事にあたる第二期、社会的な責任を子の世代に譲り、貧窮者のための奉仕、芸術活動、巡礼に勤しむ第三期がある。ビノーバはそのうちの第二期をとばしたが、他の三つの時期の生き方を厳密に守ったことになる。

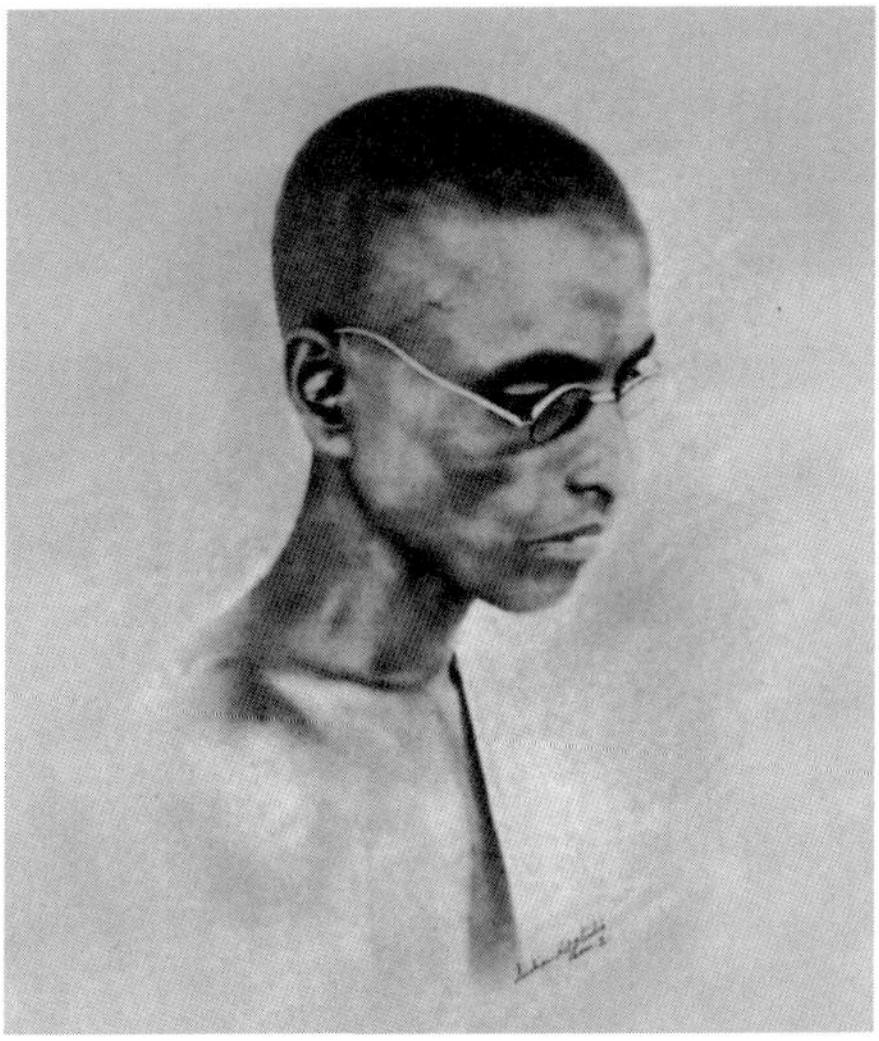
若かりし頃のビノーバ

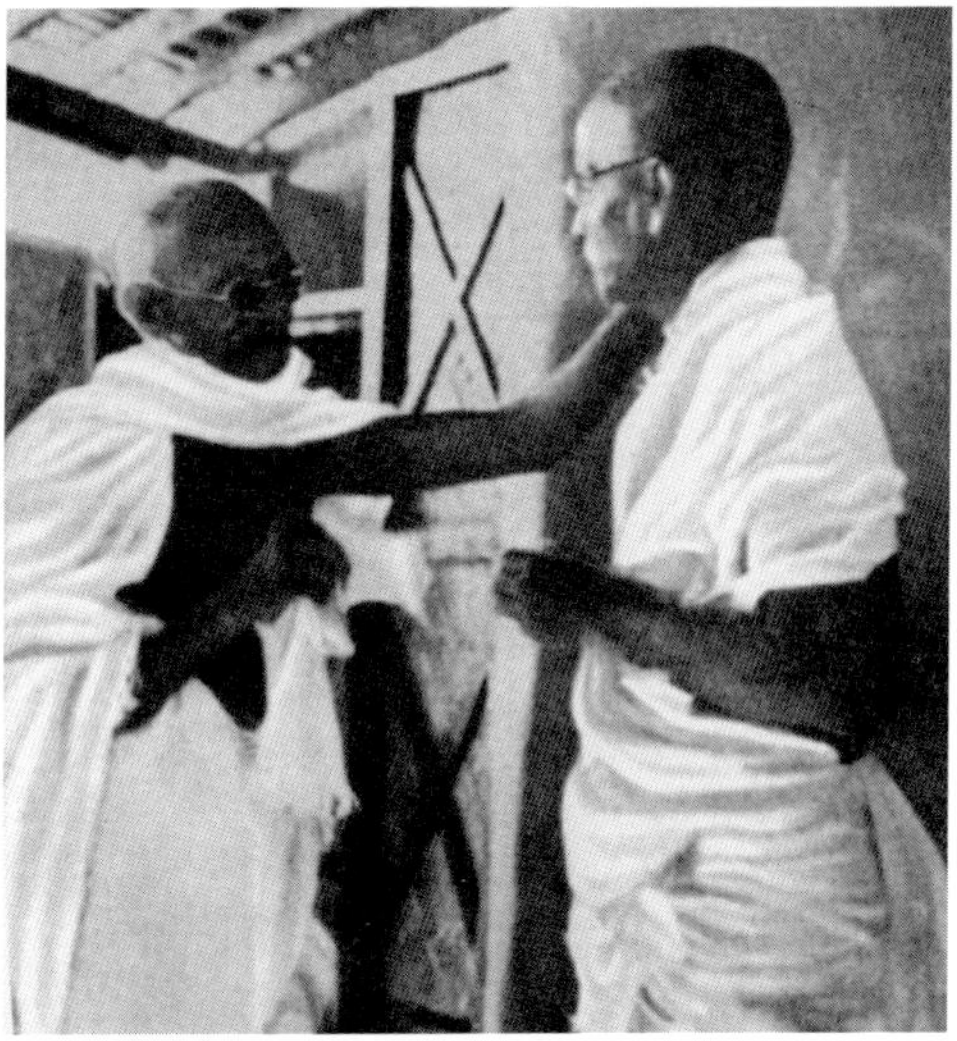
ガンディーと共に

このか弱い一本のより糸は、私たちと世界とを結びつける愛の糸だ。
サルヴォダヤ思想への一票だ。
糸紡ぎとは、この国のすべての人々のための美しい祈り。
糸車は、非暴力、労働の尊厳、自給と自立、そして貧しい人との共感のシンボルだ。

I 義務の教育から歓びの教育へ

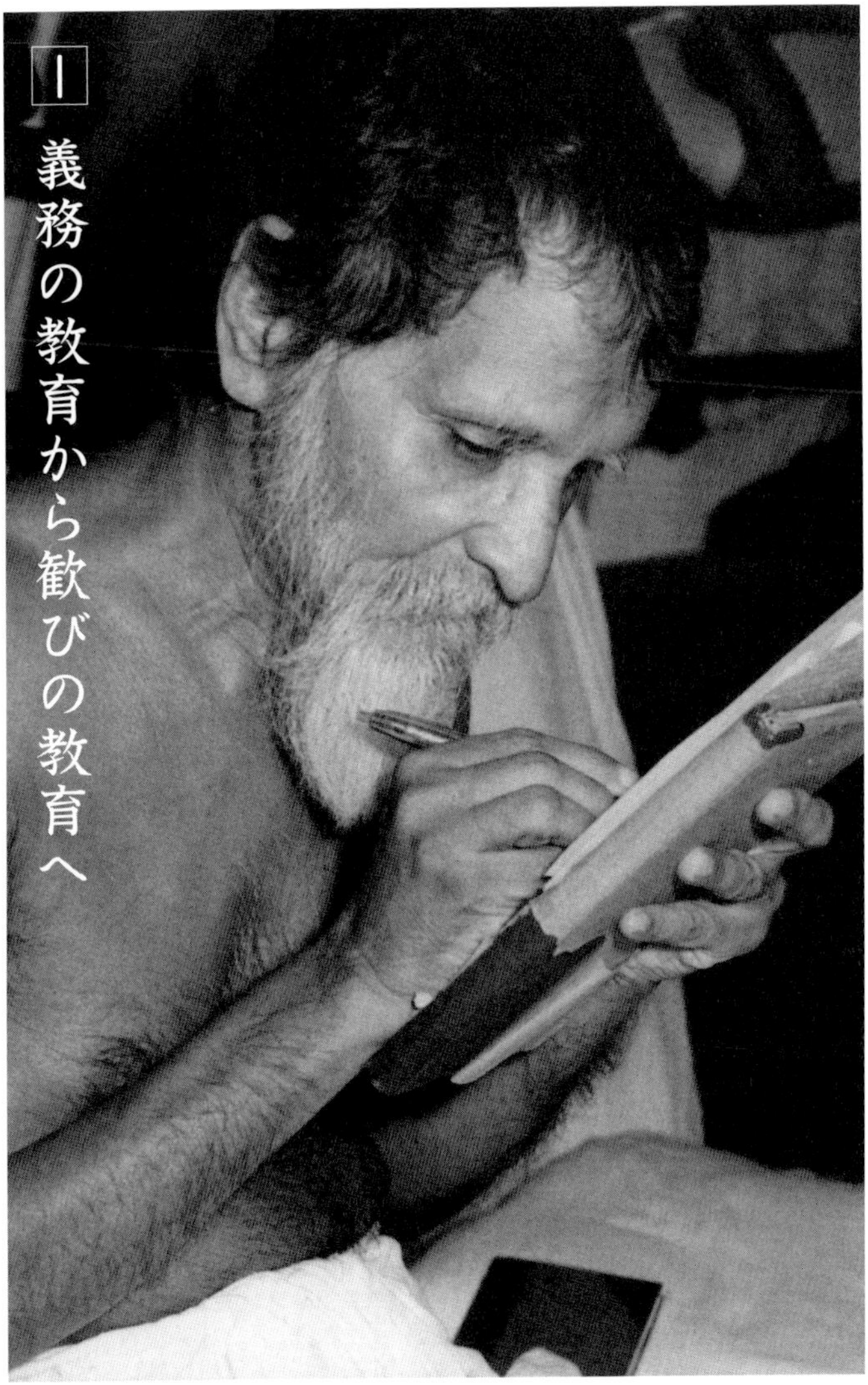

悲惨な状態

公教育の重要性が、正当な理由もなく誇張されてきた結果、現在では、呆れるばかりに不自然で有害なやり方が、教育の名のもとにまかり通っています。記憶力のよさそうな子どもは、何でも覚え込むことを強制される。親や教師の関心は、どれだけたくさん子どもの頭に詰め込めるか、にあります。一方、習うのが少し遅い子は、無視されたり、置き去りにされたり。賢い生徒は何とか大学までついていくかもしれないが、多くは取り残されてしまう。大学で何とか落第せずにやっている若者も、多くの場合、その後の人生で真に意味のあることを成し遂げることはありません。それは、まだ成長中の若い心が、重すぎる荷を負わされていることが原因なのです。馬が元気に走り回っているときに、鞭を入れる必要はない。しっかり走っている馬は、自由に走らせておけばいいのです。鞭を入れたらどうなるでしょう？　馬は驚いてのけ反り、溝にはまったり、人を振るい落としたりするのが落ちです。無理やり強制するこういうやり方は、人間の教育に決してあってはなりません。

生徒自身が「習っている」と感じ始めたら、すでにその教育の仕組みに何か問題があるのです。小さな子どもの身体を鍛える最良の方法は遊びです。遊んでいるとき、子どもにとって外の世界は消え失せている。無我夢中で、自他も主客も未分の境地なのです。快・不快の意識もなく、空腹やのどの渇きも、苦痛や疲労さえも感じない。ただ遊びの歓びだけに満たされ、義務感の入り込む余地もない。楽しむための遊びであって、身体鍛錬のためではありません。この原理は、すべての学習に当てはまります。「教育は義務なり」などという不自然な考えはもうやめて、「教育は歓びなり」という自然でワクワクするような理念を育てるのです。

現在、生徒たちの間に広がっているのは、「教育は罰なり」という感覚です。それもそのはず、子どもたちのうちに活力が湧き上がり、自立志向が表れるやいなや、親たちはその子たちを学校に閉じ込めるときが来たと考えるのですから。子どもたちを収容し、大人しくさせる施設としての学校とは！　その仕事を請け負う教師はまるで監獄の看守です。

教師は、「自分が生徒を教えている」という〝先生的〟な態度を捨てるべきです。先生が自然で純粋でなければ、どうして生徒が自然に学べるでしょう。先生がフレーベル、ペスタロッチ、モンテッソーリ（◈91頁）などの教育法を標榜し始めたら、それは自分の教育の中身が空っぽであることを告白しているようなもの。無意味なまねごとだと思った方がいいでしょう。それはいわば教育の幽霊で、そこに命はありません。教育は算数のように公式に当てはめ、決まった答えを出すものではありません。それは泉のように内から湧き上がり、自然に外へと溢れ出すもの。自然教育も完璧ではありませんが、問題は起こるとしても結局はうまくいきます。

必ず避けるべきなのは、奴隷のように、訳もわからずただ決められたことを繰り返させることです。それは無知の体系化に他なりません。教育思想家のハーバート・スペンサー（◈91頁）はこう言ったそうです。

「教育は卓越した個性の創造に関しては無力である」

とすれば、教育の技術などに何の価値があるのでしょう？ 教育法を名乗るからには、これを学べば賢くなり、これを習えばある仕事ができるようになる、と約束すべきです。それができない教育技術などは、ただ素人の目を欺くための、組織的な詐欺のようなものです。

シェークスピアは学校で演劇理論を学びましたか？ 修辞法を暗記して偉大な詩人になった人はいますか？ 〝体系〟とか〝方法論〟とかいう言葉自体には、意味も価値もないのです。それらは一種の錯覚にすぎません。

最深の智慧をもつ賢者に、あなたの智慧はどんな教育によってつくられたのか、と訊いてごらんなさい。相手はきっとポカンとするでしょう。聖典『ケーナ・ウパニシャッド（古代インドの宗教哲学書〈奥義書〉／Kena Upanishad）』にはこうあります。

「〝私はわからない〟と言う者こそがわかっている」

「方法論」と同様、「シラバス」や「時間割」なども意味のない空疎な言葉です。自分を欺くためにしかなりません。教育は生きた行動の中にのみ存在するのです。実生活につながりをもたない、バラバラな活動に教育という名が与えられれば、その〝教育〟は子どもの心にとって不健全で有害です。ちょうど身体に入った異物が悪影響を及ぼすのと同じように。生きた行動の中でこそ学ぶ気は起こり、その気がないのに学びを押しつけられれば、消化不良を起こすだけです。もし書物の詰め込みによって知恵が得られるなら、図書館の書棚ほど賢い存在はないはず。でも無理やり詰め込まれたものは人間には消化できません。その結果は精神の病。〝精神性赤痢〟とでも言いましょうか。知性の力は麻痺し、やがて死に至るでしょう。さて、教育を次のように定義しましょう。

「方法論などなしに、自ずから秩序ある全体をうち立て、教師から与えられることなしに、必要なすべてを与えられること」

真の教師という者は教えることはしない。しかし、そのそばにいることで生徒は自らを教育できる。太陽は誰に光を与えているわけでもないのに、すべての生きものはひとりでに、容易に、光を享受するのと同様です。

生から切り離されたものは、教える力を失う。教育を命とそれに伴う諸問題から切り離そうとする試みは、ちょうど死を想わないようにするのと同様です。現実には、私たちは毎瞬、死につつあるのです。その最後の一瞬が、いわゆる〝死〟です。真の自由は、死ぬ前に死す者にあり。目を見開いて死という事実に向き合うのです。確実に近づく死を人生経験の一部として受け入れる者に、死は優しいもの。しかし、死を避け、生から切り離そうとする者にとって、死は悪夢のようにその肩に重くのしかかります。目が見えなければ、頭をぶつけてはじめてそこに柱があることを知る。しかし、柱が見える者なら衝突は避けられます。

教育は実生活の文脈の中で行われなければなりません。子どもには野原で自由に学んでもらいましょう。そして疑問が生じたら、その解決に必要な天文や物理といった科学を教えればいい。料理をしてもらうのです。そして必要が生じたら、化学を教えましょう。要するに、子どもたちには、ただ〝生きて〟もらえばいいのです。子どもにはそばにいてくれる人が必要です。でもそれは、〝先生〟という特別な名で呼ばれる人ではなく、普通の実生活を営んでいる大人でいい。子どもを導くのは、自ら賢明な生活を送りながら、必要に応じて、人生や仕事というものについて、きちんと子どもに説明できるような大人です。

教育とは子どもの頭に情報を詰め込むことではなく、知りたい、わかりたい、という欲求を起こすことです。先生と生徒とは、お互いの触れ合いを通じて、共に学び合います。両方が学生、つまり学ぶ人なのです。真の教育は、経験し、味わい、消化すること。数えられること、記録できることは教育ではない。教育は分割できるものでも、計測できるものでもありません。

聖典『ウパニシャッド』では、知識の讃歌と共に、無知を讃える歌も歌われます。人には知識だけでなく、無知も必要です。知のみでも、無知のみでも、人は闇に落ちてしまう。適度な知識と適度な無知が一緒になってはじめて、永遠の美酒となるのです。しかし世界は今、知識で溢れかえり、もしそれをすべて頭に詰め込もうとしたら気が狂ってしまうに違いない。忘れる能力は、覚える能力に劣らず必要なのです。

自立ということ

多くの人が教育における自立や自助の大切さに同意してくれるでしょう。「自立」とは深い意味をもつ言葉です。まず、手仕事による経済的自立です。誰もが手の使い方を学ばなければなりません。もしすべての人が手工芸を始めたら、世界にとってどんなにいいでしょう。階級制度の壁はなくなり、生産は増加し、経済も、人々の健康も改善されるでしょう。この点を見ただけでも、自立こそが教育プログラムの重要な一部であるべきことは明らかです。

こうした自立のプログラムを通じて、他に依存しない独自の思考ができる人を育てる——それが教育というものです。それが目的となれば、現行の教育のあり方を全面的に変えるしかありません。今のカリキュラムには言語や科目がズラリと並んでいるので、生徒はその全部を習うのに、何年も教師に頼らなければならないと思い込んでしまいます。しかし生徒がまず学ぶべきなのは、自分は自らの足で歩み、自ら知識を習得することができる、ということなのです。世界には計り知れない知識が溢れているが、一人ひとりはそのうちのほんの一部だけで、立派に生きていける。でも、よく生きるために必要なこの知識は、学校で学べると思ったら間違いです。生きるための知は、生きることとの中でしか学べません。学校の役割は、人生から学ぶという欲求を、生徒のうちに目覚めさせてあげることです。

ほとんどの親は子どもが学校を卒業し、給料とりになって楽な生活を送ることを望んでいます。これは教育に対する間違った見方です。学びはそれ自体に価値があるのです。その最終目標は「自由」です。自由とは、他者からの自由だけでなく、自分自身の気分や衝動からの自由をも意味します。自分の感覚の奴隷となり、衝動をコントロールできない人には、自由も、自立もありません。

「生徒たちには何を教えるべきか？」という問いが『ウパニシャッド』の中にあります。その答えとは、「『ヴェーダ』（◈91頁）の中のヴェーダを教えよ」

でも今の学校はどうでしょう。ヴェーダを教えるが聖書は教えない。いや、聖書は教えるがコーランは教えない。コーランは教えるが仏典は教えない。いや、仏典は教えるが科学は教えない。科学は教えるが政治経済は教えない。これではきりがありません。いいえ、そうではなく、「ヴェーダの中のヴェーダ」、すなわち、ヴェーダを学ぶための鍵を与えればいいのです。それさえあれば、あとは生徒たちが自分で学びます。先生は生徒に知識への鍵を手渡せばよいのです。

子どもに勉強させたことはいずれ忘れられます。全部覚えている必要などありません。それなら、生徒が百点満点の三十三点でも合格とさせてもいいはずです。三分の二は間違えたわけですが、それでよしとするのです。その三分の二は、その生徒にとってそもそも覚える必要がなかったと考えましょう。教育課程を修了するとき、生徒が自分自身の力を信じることができること。それこそが重要なのです。あれやこれやの情報や成績を得たかどうかではありません。

教育の目標は恐怖からの解放です。『ウパニシャッド』にこうあります。グル（尊師／guru）が弟子たちに言う、「生徒たちよ、私の行いがよいと思えばそれに従い、よいと思わなければ、従うのをやめなさい」

つまり、師《グル》は弟子たちに自由を与えている。「何がよくて何が悪いか、自分自身で判断するように」、と言っている。「師《グル》が言ったことがすべて正しいなどと考えるな」、と言うのです。勿論、師《グル》は真実に従って生きようと努めている。そうでなければ、そもそも彼は師《グル》ではありません。それでも、師《グル》は自分の行いすべてが真理と調和していると断言することなどできません。だから弟子たちには、「注意深くあれ、賢くあれ」と言います。自ら師《グル》の行いを見て、「正しくないと判断すれば従うな」、と。そのようにして生徒たちのうちに、恐怖からの自由を育くむのです。

恐怖からの自由とは、自分が何も怖れないというだけでなく、他人に恐怖を与えないということをも意味します。その両方が必要なのです。その意味で、怖れ知らずに見える虎も恐怖から自由ではありません。他の動物は怖れないとしても、銃を怖れる。そして、重要なのは、他の生きものを怖れさせることです。本当の意味における恐怖からの自由とは、他者を隷属させず、自分も隷属しないことなのです。

恐怖からの自由は自分自身の知識によってもたらされます。それが教育の基礎なのです。しかし今の教育は正反対の方向を向いています。子どもが何か間違えると、大人がたたく。すると子どもは怖れから、従順な態度をとるようになる。こんなやり方で、真理が教えられるわけがありません。真に恐怖からの自由に基づく教育が生まれない限り、社会の変革は望めません。

体罰を与える大人に決して屈しないことを、子どもたちに教えなければなりません。親がそんなことをするとはなんと嘆かわしいことでしょう。親は彼らの一言一言を信じ、彼らを信じきっている子どもを神から授かったというのに。神は、信頼に満ちて、何の疑いももたない子どもを親の手に委ねられた。その親が子に体罰を与えるとは。まず私たちは、「恐怖からの自由」の教えを家庭から始め、それをさらに学校へと広げていかなければなりません。

行いのないところに知識はない

世界中の争いごとの根っこは、知識が行動から切り離されてしまっていることにあります。両者は思考においては誤った心理学によって、また生活においては誤った社会学によって切断されている。また誤った経済学のせいで、両者の市場価値にも格差が生じています。でも本来、知と行は一つ。行動から離れた知識など存在しません。ただこれには一つだけ例外があります。それは「私は存在する」という自己についての知識で、これは行動とは無縁です。「私」は行動を超えた概念なのです。しかし、これ以外の知識はすべて行動とつながっています。行動なき知識はなく、知識なき行動はありません。両者は二つで一つ。これはその方がうまくいくとかいう技術的な問題ではなく、これこそがガンディーの言う「基礎教育《ナイタリム》」の基本原理なのです。

人はよくこう訊きます。

「もし日に三、四時間も仕事をさせたら、子どもたちはいつ学べばいいのか？」

私にはこれはバカげた質問です。我々が本当に問うべきことは、「もし日に三、四時間も本を読ませたら、子どもたちはいつ学べるのか」、です。三、四時間もの読書が何を意味するのか、考えてみてください。三時間で子どもは本を六、七十ページ読めるかもしれませんが、それで本当に何かを学ぶのでしょうか？　目の筋肉の運動にはなるでしょうが。人はこう信じ込んでいるようです。知識は本によって得られ、読書こそが知識への早道だと。しかし実際はその逆で、本による勉強は、現実世界から私たちを遮断するカーテンのようなものなのです。

『ミツバチ飼育のＡＢＣ』という本があって、そこには養蜂について知りたいことならなんでも書いてあるとします。これを読んだ人は思う。

「よし、次は行動に移そう。ハチをとりに行くぞ」

でも、まずは野山を何日もかけ巡らなければならないでしょう。そしてやっと捕まえてきたハチが、働く気になってくれるにはさらに二カ月が必要でしょう。本には何でも書いてあって、それは確かに手助けにはなる。しかし知識の習得には実際の行動が必要なのです。読書も勉強も、行動を補うためのものであり、道具にすぎません。「本も読まずにどうやって学ぶのか」、と問うのは、「眼鏡もかけずにどうやって見るのか？」、と問うようなもの。見るのは目であり、眼鏡ではない。もしその目が弱っていたら、眼鏡が助けになる、ということです。

学びと仕事の分離は社会的不公正をも生み出します。一方に勉強しかしない人たちがいて、他方に重労働に明け暮れている人たちがいる。これでは社会は分断されてしまいます。肉体労働をして食料を得る人たちが一つの階級を、知的労働のみで暮らす人たちが別の階級を形成します。インドでは肉体労働者は一日一ルピーしか稼げず、知的労働者は二十五から三十ルピーを稼ぎます。労働によって価値にこんなに大きな差をつけるという不公正が横行しているのです。こういう不公正をなくすことこそ、私たちの教育の目標とすべきです。

とはいえ、この不公正がなくなってもまだ十分ではありません。自然に近く、自然と調和して生きることで、私たちはより幸せな生活を送ることができる。逆に、自然から切り離されていればいるほど、幸せから遠ざかるでしょう。農業で雇用される人数は必要最低限にとどめ、残りの大多数はその他の分野で生産的な仕事に従事すべきだというのは理に

かなっているでしょう。そうだとしても、すべての人が農作業のある暮らしを送るべきです。大地における命の営みから切り離されるとき、人生は大切なものを失います。人はみな、土地と共にあり、土に根ざすことが必要なのです。人は木のようなもので、土から離れたら生きられません。一方、ビジネスとしての農業は効率的であろうとすれば、最小限の人数が専門的に土地にかかわって働くことになる。誰もが土と離れては生きられないが、誰もが専門的に農業をするわけでもない。土地とのかかわりについてのこの二面は、互いに矛盾しているように見えますが、実は両方ともガンディーの言う基礎教育《ナイタリム》の一部です。農業を専門にするかどうかにかかわらず、大地と触れ合って生きることは人間が人間であるための基本条件です。それを怠る国や文明は、ゆっくりと、しかし確実に、生気を失い衰退していくに違いありません。

　というわけで、基礎教育《ナイタリム》とは何よりもまず、自然と結合し、調和した教育のこと。それでは、そうした教育が大都市でも実現できるものでしょうか？　都市が自然から切り離されていることは、なんという不幸でしょう。そこに住む人々が失うものは計り知れないのですから。私が獄に繋がれているときのこと、私が楽しそうにしているとみんな思っていたようです。そしてあるとき、看守が私に言いました。

「お前は満足そうにしているが、何か困っていることはないのか？」

「ただ一つだけ」、と私は言いました。

「何だ？」

「当ててごらんなさい、一週間、考える時間をあげるから」、と私。

一週間経って看守は言いました。

「わからない。一体何なんだ、お前が困っているのは？」

私は言いました。

「すべてに満足しているんですが、ただ一つ、日の出と日の入りが見られないのが残念です」

自由に外に出て、自然界の創造物に囲まれることができるということ、これほどの歓びがまたとあるでしょうか！　可哀想なことに、都市の住民はこうした歓びも知らずに、どう暮らしているのでしょう。花瓶に造花を飾ったり、日の出や日の入りの写真を壁にかけたり。あまりに人工的になった暮らしの中では、夜空の星を見ることさえできないのです。人工の灯りに満ちた都市が、満天の星空の祝福を受けることはありません。時々、私は思うのです。暗闇さえ燃やしてしまった現代人には、もう燃やせるものが何もない。夜の闇、それは人に平和と休息、そして静かな思考をもたらしてくれる天の贈りものだったはずなのに、と。

どうやら、よい教育のためには、まず、都市で一般の価値体系や、生き方の全体を変えることが必要なようです。自由に生きる歓びに勝る歓びはありません。この歓びを表すサンスクリット語は「スッカ」で、普通「幸せ」と訳されますが、もともとは、「どこまでも広がる大空」を意味する言葉です。幸せはどこにあるのか？　そう、大空の下にあるのです。人工物に囲まれ、小さな空しか残っていないところで、それを見つけるのは容易ではありません。

ある家がもし薬瓶だらけだったら、その住人はきっと病気に違いないと、誰でも思うでしょう。ところが、もし家が本だらけだったら、住人は賢い人に違いないと思われる。これはどう考えてもおかしな話です。健康維持の鉄則は、本当に必要なとき以外は薬を飲まないことです。それと同様に、知的であることの第一の規則は、なるべく本に頼らないことです。医薬品が病んだ身体を表すのと同様に、書物もまた、世俗書か宗教書かにかかわらず、病んだ心の兆候と考えるべきなのです！

世界をいまだそのオーラで覆うような、過去の賢者たちはどうでしょう。文字に頼ることなく、人生を意味深いものにしたのです。近代教育が行き渡ったこの社会で、文字に埋め尽くされた人生の空虚さを示す例はいたるところにある。一方、歴史をさかのぼれば、無文字の暮らしがいかに意味深いものでありうるかを示す例に事欠きません。「文字」と「無文字」とを比べて、後者を劣ったものとして見下すのが普通です。でも実際には、無文字の「無」は、蔑称ではなく、尊称なのかもしれません。『バガヴァッド・ギーター』（◈91頁）でクリシュナ（Krishna）はこう言っていました。

「私はアルファベットの中の最初のAで十分」

読み書きの能力に過大な評価を与えるのは止めましょう。

結局のところ、書物にあるのは文字だけです。本をたくさん集めれば人生が実りあるものになると期待するのは虚しいことです。ごはんの話を読んで、空腹が満たされるはずもありません。本の中の井戸に溺れる人もなければ、本の中の船が誰かの命を救うこともない。例えば辞書には、「スティード（steed）」は「馬（horse）」を意味する、とあります。それで人は、スティードの意味は辞書の中にあると思ってしまう。でもそれは間違いです。スティードという言葉の意味は、辞書の中にではなく、馬小屋の中に四本足で立っています。馬が辞書の中に入り込むことはできないのです。辞書が私たちに教えてくれるのは、ただ単にスティードとホースが同じ「意味」をもつ言葉だということ。そしてその

「意味」は馬小屋の中にある。本の中にではありません。このことを理解しない限り、真の知識の〝味〟を知ることはできません。

神は人間の頭に知性を、身体に空腹感を、心に共感を与えられました。そしてその三つは、知的な生きものとしての人間にとっての道具となったわけです。身体的な欲求を満たすためには、頭を働かせるとともに、他者との共感とそれに基づく助け合いが必要です。働き始めるやいなや、学びが始まります。そしてさまざまな知識を身につけるのです。

同志としての生徒と先生

教育に対するインドの伝統的な考え方を表す興味深い事実があります。十四の言語をもつインド社会ですが、どの言語にも英語の「教える（teach）」に相当する言葉がないのです。つまり、自ら学ぶこと、また人の学びを助けることはできても、「教える」ことはできないというわけです。

英語には「学ぶ」と「教える」という別々の言葉があるので、それぞれがまるで異なる独立したプロセスのように見えます。しかしそれは「先生」と呼ばれる人たちの職業的な虚栄心にしかすぎません。そしてこの虚栄心を取り除かない限り、教育の本質を理解することはできないのです。我々はまず最初に、そもそも無学な人など存在しないということをこそ認識すべきです。しかし、どうでしょう。今日、普通の学校の生徒が、一流の大工さんに対して〝無学な田舎者〟と言わんばかりの失礼な態度をとることがよくあるではありませんか。その大工さんが、経験豊かで、人間として成熟し、賢く、大工としての腕前も確かな職人で、地域社会に貢献している人であっても、です。その人がただ読み書きができないというだけの理由で、「教育」を受けた子どもによって見下されるのです。

教育とは贈りもの（ギフト）です。それをもらったからといって、威張ることは何もない。いや、この贈りものを受け取るためには、自分の内なる謙虚さを育む以外にはありません。古代の書物によれば、「教育（ヴィドヤー／vidya）」と「謙虚（ヴィナヤ／vinaya）」とは同義語です。サンスクリット語でも同様です。だから学習を修了した生徒のことを「謙虚さを身につけた者」と呼びます。この謙虚さこそが、真の教育の果実なのです。だとすれば、先生がいつも謙虚な心で、生徒に仕えるのは当然のこと。そして生徒もまた、謙虚に先生から学ぶことです。先生と生徒はお互いに共に働く仲間同士と考えるべきでしょう。

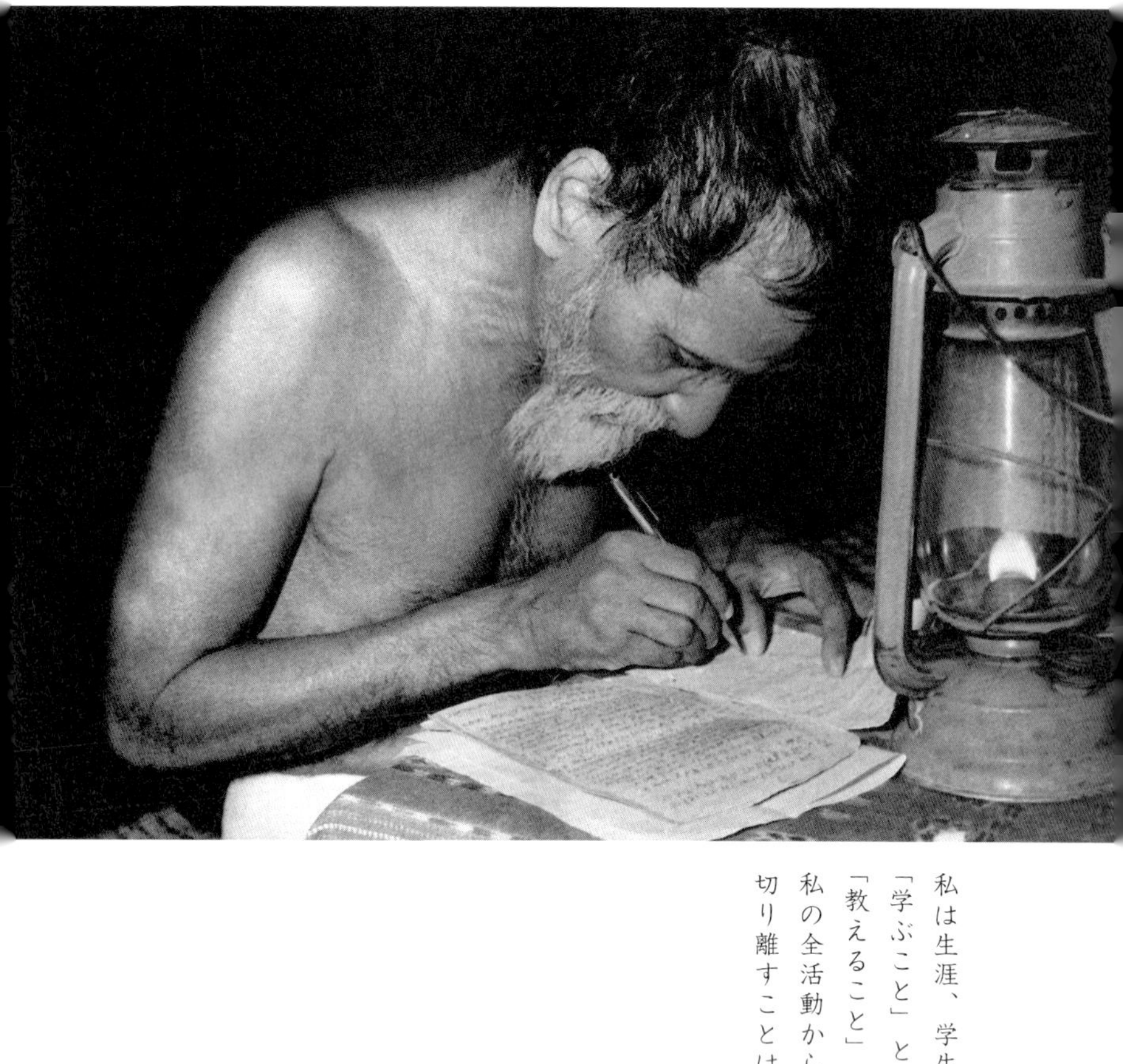

私は生涯、学生である。
「学ぶこと」と
「教えること」を、
私の全活動から
切り離すことはできない。

昔の学校では、こんなふうに先生と生徒が一緒に古代から伝わる祈りの言葉を唱えたものです。

「双方の学びが活力で満たされますように」

つまり、先生の方も「教えている」のではなく、「学んでいる」と考えていたのです。毎日の祈りがそのまま生徒と先生が共に学ぶことの宣言となっていた。だから先生も生徒も知っていました。生徒の学びを助けることで先生は、そして先生を助けることで生徒は、自らを助けているのだ、と。

生徒と先生は一種の同志として、互いに援助を与えたり、受け取ったりしながら共生する。そこにこそ、真の教育が実現するのです。そこでの本の役割は副次的なものにすぎない。こういう考え方に、しかし多くの人は戸惑いを覚えます。本の価値が下がると、生徒が知識を得るための大切な手段が失われてしまうのでないか、と心配するのです。本にも道具としての価値はありますが、でも、あくまで副次的なものです。大切なのは、生徒と先生がパートナーとして共に働くことです。そのために、「先生が教え、生徒が学ぶ」という固定概念を打ち破らなければなりません。

知的な営みに命令はありえません。教育は生徒を〝鍛える〟ものではなく、生徒に完全なる自由を与えるもの。政府から自由であるような社会が実際に存在したかどうか、にかかわらず、教育においては、その自由な社会が、生徒たちの只中に見出されなければなりません。生徒という存在にとって最も重要なことを一つ挙げるとすれば、それは自由です。

そういう自由な教育環境が整ってさえいれば、生徒は自治の精神を学びとるに違いありません。しかし、現在の階級に基づいた社会の枠組みでは、〝自由〟は形ばかりのものにすぎない。教育を受けた若者たちは、その教育を支えている価値観に対して反旗を翻すべきです。いや、私たちは皆、社会のあり方に対して反対していくべきです。あくまでも謙虚に、しかし、断固として。その謙虚さとは服従や隷属の対極に位置するもの。社会の誤った価値観にしっかりと対峙する、力強い謙虚さなのです。

ガンディーの唱えた基礎教育《ナイタリム》のことを、多くの人が、新しい教育システムとか、方法やテクニックだと考えているようです。でも、それは誤りです。そもそも私は「システム」というものが嫌いですが、特に教育における「システム」は恐ろしい。システムをもち込むと、教育はそこで終わってしまうのではないか、と怖れるのです。

基礎教育《ナイタリム》を行う「ナイタリム・センター」で生徒が受け取るのは、あちこちで運用するためのシステムではなく、方向を指し示すための羅針盤です。基礎教育《ナイタリム》の教えは、心の中にあって助言のような役割を果たしてくれるでしょう。でも、誰もが、独自の判断を下し、誰も経験したことのない独自の経験を積んでいくしかないことに変わりはありません。基礎教育《ナイタリム》はシステムではない。それは一つの考え方であり、〃種《たね》〃です。

西洋的な教育システムでは暗記というものにほとんど価値を置きませんが、これは間違いです。数々の貴い経験が織り込まれている書物を、心の中に保持しておくのは大切なことです。この点に関しては、インドの伝統的な考えは、西洋のそれとは異なっています。欧米の学者たちのものの見方は分析的で、世界をバラバラの断片に分け、それぞれの細かい〃分野〃を専門として研究します。しかし私たちの方では、世界を一つと見て、バラバラにできない全体として研究します。だからこそ、偉大な古典の一節を暗記するというやり方を大事にするのです。西洋では「理知」というものを最高位に置きます。もちろん「理知」の重要性は万人が認めるでしょう。しかし同時に、感情や情緒を無視してはいけません。頭に栄養が必要なのに劣らず、心にも栄養が必要なのです。

学校という〃社会〃は、来るべき将来の実社会の模範となるべきものです。例えば、五人から十人くらいの先生がいて、そのそれぞれが十人から二十人ほどの人数の家族をもっていると考えてみる。あるいは、生徒が六十から八十人だとすれば、全部で百人規模の小社会になる。道具類、作物を育てるための土地、必要な書物、そしてその他必要な設備や機材を提供した上で、社会はこう言うのです。「さあ、暮らしを立てながら、同時に勉強もきちんとやってくださいね」、と。

それは難しい、と思われるかもしれません。でも、それが難しく思えるのは、私たちが暮らしと学びを両立させるということを知らずに生きてきた、特殊な社会階層に属しているからではないのでしょうか。しかし、暮らしと学びを別々にしておけるなどというのは、特権階級の中だけの話なのです。社会とは、働いて暮らしを立てる人々の集まりです。ならば、教育における先生もまた、その同じ社会の出身でなければなりません。働く人を先生へと育てるようにならない限り、よい教育などは望めません。「知は行ないなり」、です。知識とは経験なのです。この経験としての知識を、所有することは誰にもできません。一方、経験に裏打ちされない従来の〝学び〟には、強さも活力もありません。

教育は川の流れのようなもの。今ここにある水は昨日ここにあった水とは違い、また明日ここにある水とも違います。川の流れは絶えることなく、しかもその水は常に変わっていく。同様に、教育もまた、過ぎ去る毎日の経験とともに、不断に変化しつつ、続いていくのです。

地域はみんな違います。だから、教育について考えるときにも、その違いを尊重しなければいけません。川辺の町にはそこに合う教育があり、丘の上にある町や、森に近い町にも、それぞれにふさわしい教育がある。環境や周囲の状況によって教育も変わるのです。同じ型にはめ込もうとしてはなりません。同じ教科書がすべての場所に適しているわけではないのです。全国に教科書が一つしかなければ、地域の特性や多様性を無視することになる。そうすれば、生徒の興味を目覚めさせることも、地域固有のニーズに応えることもできません。教えは状況によって変わるものなのです。

人は今日の空腹を満たすために食べます。十日後の空腹のためではない。同様に、生徒にも、今日を生きるために必要な知識が与えられるべきでしょう。

もし授業計画を、地理、歴史、代数、幾何といった科目ごとに立てるとしたら、どうでしょう。その種類は数限りなくあり、そのすべてに価値を見出すことなどできません。その代わりに、各自の話す能力、理性、また身体、心、感覚の発達などに応じて、授業計画を組むようにしましょう。科目や教科書の都合ではなく、学ぶ人自身に則して考えるのです。私たち大人の役割は、空腹の生徒に、身体だけでなく、理性や知性のための滋養を提供することです。

教育の目的は、個々人の技やテクニックを上達させることでも、質のよい労働者をつくり出すことでもありません。そうではなく、各自がもっている人間としての潜在的な可能性を十分に、そして全面的に開花させることこそを目指すのです。もし教育によって生徒が単なる知識や技術を得るだけなら、なんと一面的でしょう。なぜなら、知識や技術は、人間に与えられた多様な能力のうちのほんの二つにすぎません。教育に期待すべきは、個々人の全体的な発展なのです。

おぞましや、試験！

問題だらけの従来の教育の中でも、私にとって、試験という制度ほど嫌悪すべきものはありません。試験には必ず試験官が張りついて、生徒がカンニングをしないように見張っています。なんという悲しい光景でしょう。カンニングを疑う時点で、すでに生徒は落第させられているのです。その上、一体何を試験しようというのでしょうか？

以前受けさせられたことのある試験で、私は問いについて十分な知識をもち合わせていませんでした。でも、一度も試験に出たことのない、さまざまな問いへの答えをよく知っている私がいるのも事実です。だから私は、自分の経験に照らして、試験などというものに何の価値も見出せないのです。試験とは、例えて言えば、下剤のようなもの。それを飲めば、体中の知識が全部抜け出てしまうのが落ちです。それは教育の専門家を名乗る者たちが仕掛けた罠のようなもの。みすみすそれに引っかかってはなりません。

例えば、子どもたちにドアや窓のことを教えるのに、私なら、まずそれらは何のためにあるのか、質問します。そしてその子たちがきちんとドアや窓の役割を理解できたところで訊ねます。

「じゃあ、自分の体の中で、どこがドアでどこが窓かを言ってごらん」

目、耳、口、鼻などを、サンスクリット語ではまとめて「扉」と言います。次に、「目としての窓」を描いてみようと、絵の練習を始めます。その次に、これまでにつくられた多くの種類の窓について子どもたちに説明するでしょう。歴史の勉強です。「こんな昔の窓を、今もまだ世界のどこかで見ることができるかな？」と言いながら、はるかラップランドへと彼らの想像力を誘います。そして、そこの窓の話のついでに、ラップ人の暮らしの話をするでしょう。つまり、子どもたちのうちに自然に湧いてくる興味とつながるようにしながら、世界各地の人々の暮らしを話してあげればいいのです。

中国はインドと同様、古い国ですが、大きな人口を集約的な農耕によって養ってきました。中国はどうしてあれほど生産性が高いのでしょう？　どのようにして豊かな土壌を維持しているのでしょう？　このことに関して、私は子どもたちに肥料の話をするでしょう。特に、人間の排泄物を肥料として活用することを、中国に見習うべきだ、と。この方法が広まっているお陰で、中国では長い間耕作を続けながら、土壌の豊かさを維持できているのですから。

アメリカ人の研究者は『東亜四千年の農民』（◈91頁）という本で、中国の農業についてこう述べています。

「我らアメリカ人はなんと浪費家なのだろう！　一人当たり十五から二十エーカーの広い土地をもち、せいぜい四世紀ほどの耕作の歴史しかない。その間にあらゆる種類の化学肥料を使って生産性を上げてきたが、代わりに土壌を疲弊させてしまった。貴重な肥料になるはずの人間の排泄物は、ただ捨てておいて」

もし激しい雨が降れば、学校は休校にして、子どもたちは、その雨の中で楽しく遊ばせた方がいい。先生だってさっさと服を脱いで、子どもたちと一緒に遊べばいいのです。インドでは雨が降ると休校。逆にイギリスでは天気がよい日を休校にすればいい。どうして

かって？　イギリスでは曇りがちでどんよりとした天気の日がとても多いから、太陽が出たら、学校を休みにするのさ…。そんなふうに、子どもが楽しく遊んでいるときに、さりげなく、イギリスの気候のことを教えることもできるのです。

このような広い知識は、しかし、自分たちのうちに自然に湧き上がってくる興味と、響き合わなければものになりません。単に先生が教室でラップランドについて話したってダメなのです。生徒がそれを自然に学べるような機会が必要です。その自然に学べる機会を探し出して、それを子どもたちに提供するのが先生の役割というものでしょう。

歴史という名の嘘

現在の教育の欠陥の一つは、歴史という名を冠した嘘です。それはおとぎ話の中にある罪のないつくりごととは違います。物語を語る者は、それがフィクションであることを断ってから話を始めるからいいのです。ところが歴史家たちときたら、自らの創作に〝真実〟というタイトルをつけて発表することがよくあります。でも歴史として教わった話が真実であるなどと誰が信じるでしょう？

今世紀、二つの世界大戦が起きました。その歴史は、ドイツの視点、ロシアの視点、さらにイギリス、アメリカなど、別々の視点から書かれ、語られてきました。例えば、ロシアの歴史が訂正され、書き直されたというのを、私は新聞で知って面白いと思いました。スターリン時代に素晴らしかったことが、今では偽りだそうです。そのスターリン時代に、〝反革命〟として描かれたマハトマ・ガンディーは、今や偉大な英雄です。まあ、「ガンディーは実在しなかった」、というところまで事実がねじ曲げられなかったことを、神に感謝すべきかもしれませんね。

いわゆる〝歴史〟とは、権力者の思いのままに書かれるもの。過去の出来事を道具として、人々の心を歪めようとするものだ、と言っていいでしょう。それが学校で生徒に教えられている〝歴史〟なのです。歴史をつくった当人たちは死んでしまっていても、その産物は私たちのうちに重荷となって残っています。過去の出来事や、とっくに死んだ歴代の国王たちのことを知って、一体、何の役に立つというのでしょう？　世界中でどれだけの国王が来ては去っていったか。その数は茂った木の葉っぱほどに違いない。では、一体なぜそんなことを習わせるのか——それが問題です。事実はこうです。歴史の名において行われているのは、人々の思考を一定の型にはめ込むプログラムなのです。そしてその成果

として人々の心の中に醸成されるのが、偏見です。

さて、私たちはどちらを選びますか？　自分たちの手で新しい歴史をつくるか、それとも、ただ古い歴史を読み続けるのか。歴史をただ受け身的に習っていると、「もう世の中に新しいものなどはない」という気分になってきます。そんなふうに、自分のうちにある創造性をつぶしてはいけません。「今まで一度も起こらなかったことは、今後も決して起こらない」などと、どうして言えるでしょうか？　過去にすでに行われたことのみを行うために、私たちは生まれてきただって？　それなら、なぜ私たちはそもそも生まれてきたのでしょう？　自分の知性を、古い歴史の重みで押し殺してはなりません。私たちは誰も皆、新しい実験に挑み、新しい真実を試すために生まれてきたはずです。歴史の重荷から、自分を解き放たなければなりません。

例を挙げて考えてみましょう。国はすべて、領土を拡張するために他国を侵略するものであるように見える。これも〝歴史〟に責任があるのです。誰でも、栄光に満ちた自国の歴史を読めば、虚栄心をくすぐられるのです。パキスタンとインドは、新聞の紙面の上で、相手が仕掛けた暴力や攻撃を非難し合っています。両者の間に立って、正否を裁けるものはどこにいるのでしょう？　これまでの〝歴史〟はナショナリズムと貪欲さをかき立てるばかり。その〝歴史〟から私たちが自由になるまで、真の平和は訪れません。

先生と生徒との関係を、伝統的な師《グル》と弟子との関係で考えてみましょう。弟子にとって師《グル》は神であり、師《グル》にとって弟子は神です。弟子が師《グル》から得る知識が十全なものであるのと同様、生徒が師《グル》のために行う奉仕も十全であるべきです。師《グル》は生徒を教え育てるというそのこと自体に、完全な満足感を見出します。それ自体が目的であり、それが何か他の目的のための手段と思われるようではいけません。

食物を育てる、布をつくる、掃除をするといった実用的で生産的な仕事をしながら、先生と生徒が一緒に、一種のコミューン（共同体）で生活を共にすることもまた極めて大切です。先生も生徒も、自分たちの学びが社会への貢献にもなっていることを実感できるようでなければいけません。こんなふうに労働と勉強がうまく結合されていれば、書物に関する問題は自然と解決されるでしょう。先生と生徒が仕事と学びを共に経験していけば、その成果をそのまま本として結実させることもできます。インドが誇る最良の書物とは、実は、こうした実践的教育から生まれたものなのです。先生と生徒が共に学び、共に働き、共に暮らす経験は実を結んで書物となり、彼らが住む場所を越えて広がってゆく。そしてしまいには、世界中がその果実を享受できるようになるのです。

前にも述べた通り、ガンディーが唱えた基礎教育《ナイタリム》の学校に期待されているのは、「考え」をさまざまな角度から調べ、形に表現し、そして実際に試してみることです。先生と生徒は一緒に計画を立て、議論し、実験によって自分の理論を検証します。その結果として、経験にしっかり裏打ちされた知識が生まれ、世界はまた一つ、豊かな場所になるのです。力強く撹拌され、鍛えられた「考え」と、実用的で実験的な「行い」とが融合する場所――それが基礎教育《ナイタリム》です。実践のないところで議論ばかりしているのは、世界中どこにでもある古いタイプの教育です。一方、実用的な作業の経験ばかりで、思考や議論を伴わないのが、無数の農民や労働者による肉体労働です。しかし、基礎教育《ナイタリム》では、先生も生徒も、肉体労働者、農民、そして同時に哲学者でもある自分を、合わせもたなければなりません。

これに関しては、『バガヴァッド・ギーター』にも登場するヒンドゥーの神クリシュナを例に挙げるのがよいでしょう。彼は自分の先達の考えにただ従っているだけではなく、それを発展させました。彼の時代にはすでに、知、行動、瞑想、信仰を極めるためのそれぞれの道は知られていました。しかし、クリシュナは、こうしたさまざまな伝統を混ぜ合わせ、一つに統合したのです。

「できるのは教えることだけ」だって!?

「社会のためによい仕事をしたい」と、ある若者が私に言いました。

「どんな仕事ならやれそうかね?」

「教えることだけかな」、と若者は答えた。

「他にできることは何もないけど、教えるのなら興味もあるし、きっとうまくできそうです」

「うん、きっとうまいんだろうな」、と私は言った。

「でも何を教える? 糸紡ぎ、梳綿(カーディング)、機織りのうちで教えられるのは?」

「いやそういうことはできません」

「では仕立て? 染織? あるいは大工仕事は?」

「いやどれも全くわかりません」

私はさらに言った。

「では、料理はどうだろう。粉挽きとか、家の仕事は?」

「いや、その手の仕事はやったことがないんで。できるのは、教えることだけ…」

「友人よ、今までの私のすべての問いにノーと答えておいて、君はまだ教えることだけはできると言っている。何が教えられるのかね？　ガーデニングは？」

この教師志望の若者は少し腹をたてて言った。

「なぜそんな質問ばかりするのですか？　教えること以外はできないと最初に言っておいたのに。私は文学を教えることができるんです」

「おおそうか！　やっとわかった。君は生徒たちがタゴールやシェークスピアみたいに本を書けるよう、教えることができるんだ」

とうとう彼は本当に怒り出し、唾を飛ばして喋り始めた。

「まあ落ち着いて」、と私は笑いながら言ってから、一言余計なことをつけ加えてしまった。

「君は我慢することを教えられるかな？」

私は続けた。

「君が言いたいことはわかる。読み書き、歴史、地理といった科目を教えることができるのだね。そういうものが全く役に立たないとは言わない。たぶん時々は必要になるだろう。でも生活の必需品ではない。例えば、君は機織りを習う気はない？」

「今は何か新しいことを習う気はありません。それに、織物はどっちみち無理です。手工芸なんて今まで一度も習ったことはないんだから」

「それなら、習うのに少し時間がかかるかもしれないけど、でもどうして無理だと決めつけてしまうんだろう？」

「習うのは無理でしょうね。でも、たとえ習うことが可能だと仮定しても、それには大変な労力が必要だし、いろいろな困難が待ち構えているでしょう。だから、私がその気になれないことを、どうか理解してください」

このやりとりを通じて、この世の中の大多数の〝先生〟たちに共通する、心理や性格がよくわかっていただけるものと思います。〝教えることしかできない先生〟の特徴を挙げれば、まず第一に、実生活で役に立つ実用的なスキルについて、ほとんど何も知らないこと。自分の専門以外の何か新しいことを習うことができないこと。職人的な技能への無関心。うぬぼれの強さ。書物への依存。「教えることしかできない」とはつまり、実生活から切り離された〝生ける屍〟のような存在です。

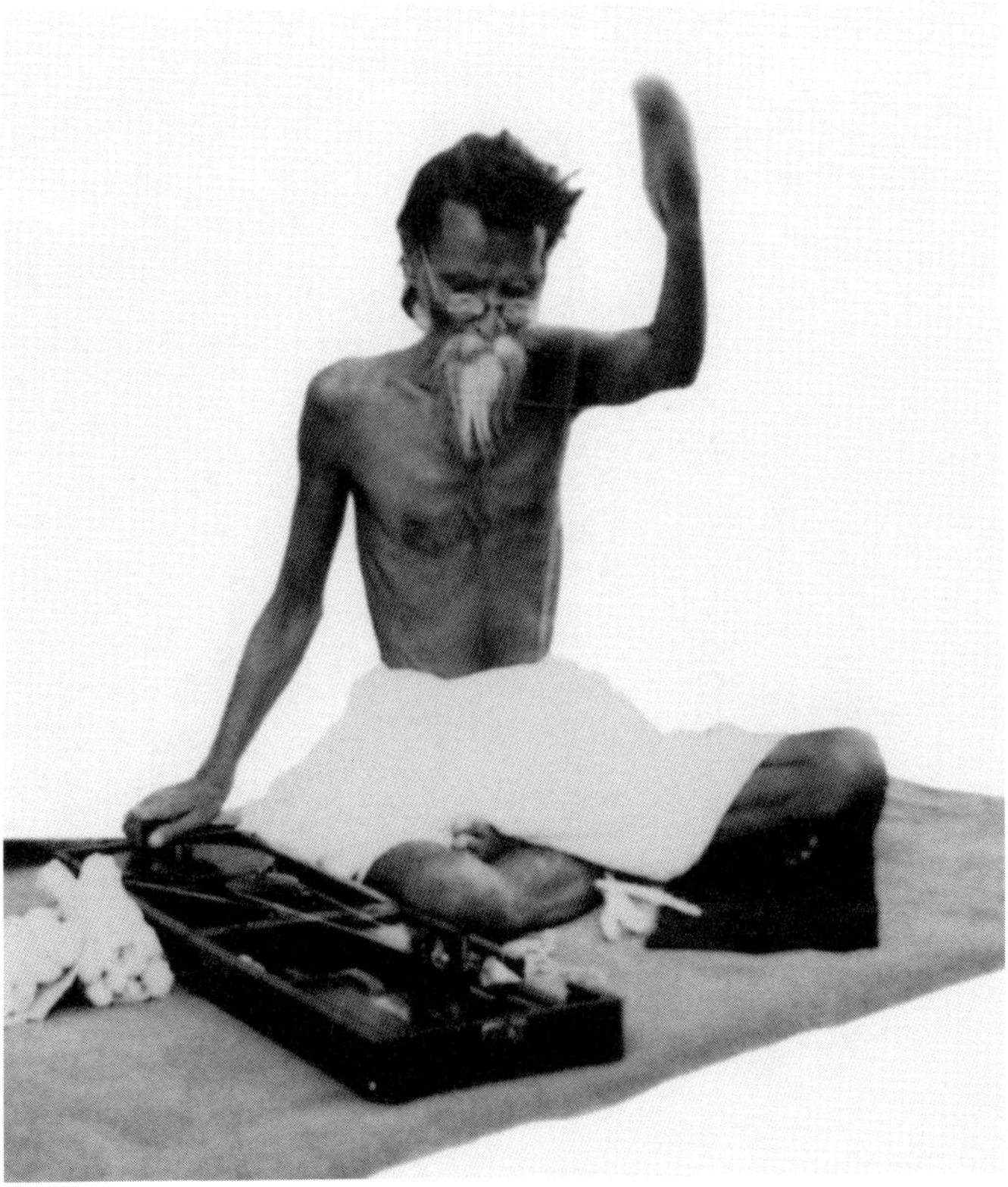

生ける屍

「生ける屍」の代わりに、彼らを知的労働者と呼ぶ人もいます。でもそれでは、言葉の方が可哀想です。『バガヴァッド・ギーター』によれば、感覚に溺れたり、執着の奴隷となったりするような人たちに、本当の意味の知恵はありません。ニセモノの知性によって生きる、というのは真の意味の「生」ではない。だから「生ける屍」も同然だと言うのです。「教えるだけ」もこの部類です。

その昔、先生たちはアチャリヤ（阿闍梨）と呼ばれていました。アチャリヤとは、「しっかりと正しい生き方をする者」、という意味で、お金のために自分を売ることは決してありません。

今日の先生たちにはぜひ、「教えるだけ」、などという誤った考え方を捨て去っていただきたい。農民や労働者なら誰もがしているように、自分の暮らしを立てることに責任をもたなければなりません。そして生徒たちにもその日々の営みに参加してもらいましょう。そうした暮らしをめぐる一切が教材です。つまり、こちらが「教育しよう」とするまでもなく、自然に教育が始まり、自らを実現させてくれるのです。「まずは暮らしをしっかりと立て、しかる後、聖典『ヴェーダ』を読む」という教えの通りです。一日の大半を、生きるために働いて過ごす。そしてその仕事が同時に、教育の時間でもあると考えるのです。その上で、一、二時間程度を新しい学びのために充てればいいでしょう。

社会全体がこうあればいいという思いと、自分自身の生活のありようが合致することが大切です。もし自分自身の暮らしをしっかりと立てることができれば、それが輝きとなって、周りの人たちにもよい影響を与える。それが教育というものです。その影響は地域全体の雰囲気をさえ変えるものとなるでしょう。このような先生自身がすでに学校なのです。その先生と一緒に生きることができれば、それこそが真の教育というものです。

学校の先生は町全体の鑑、そして、学校は地域にとってのサービス・センターとなるべきです。例えば地域で誰かが薬を必要とするときには、学校から届けられるようにする。街路の掃除が必要なときには、学校が先頭に立って仕事をする。住民のもめごとが起きたときも、解決のために先生に一肌ぬいでもらう。祭事の計画づくりも学校が先頭に立つ。こういう形で学校が地域社会の中心になるべきです。コミュニティにすでにある価値を発展させ、足りないものを導き入れるのです。

生徒にとって最も重要なこと、それは各自の心の自立を守ることです。生徒には、完全な自由を享受する権利が保障されていなければなりません。知識には信頼が不可欠なのと同様、生徒の知的自由なしに知識など成り立ちません。多くの人が信頼と知性は両立しないと考えているようですが、それは間違いです。耳と目は違う感覚を司る器官ですが、矛盾し合うことなく共存していますね。信頼と知性の関係も同様です。信頼なしには何も学べません。

例えば、母親が月を指差して子どもに言う。

「ほら、あれが月よ」

もし母親を信頼していない子だったら、それを聞いて、内心、こう言うかもしれない。

「月だって言うけど、本当かどうか、わかったもんじゃない」

これでは何も学べません。そういう意味で、信頼や信用は学びの基盤です。知性は信頼から始まります。とはいえ、知の完成は、自立し、独立した思考をもって可能となるのです。生徒はだから、思考の自由という権利を失ってはなりません。もし生徒に自分の考えを押しつけるような先生がいたら、それはもう先生ではありません。思考の自由と独立を妨げようとする試みを許してはなりません。自由を自ら守らねばなりません。

私は今日の生徒諸君に対して警告したいのです。「現代世界のただ中で、君たちの崇高な権利が奪われようとしている」、と。訓練やしつけの名のもとに、生徒たちの考えを同じ型の中にはめ込もうとする試みが進行しています。秩序の名のもとに、機械のような画一性が強要され、生徒たちの心が傷ついているのです。

政府による教育の支配は危険だ

世界中のいたるところで、教育は政府の支配下に置かれています。これは極めて危険なことです。政府は教育に対して、本来何も権限をもつべきではありません。教育の仕事は本来、賢人たちの手に委ねられるべきです。しかし今では、政府がそれを牛耳って、インドのように、全国の生徒が教育省の指示に従ってつくられた教科書で学ばなければなりません。ファシストの政府であれば、生徒はファシズムを学ばされるのです。共産主義国家であれば共産主義を説教し、資本主義国家であれば、資本主義の偉大さを讃える。政府が「開発計画」が大事だと考えれば、生徒たちはそれについてのすべてを教え込まれるのです。

以前、私たちの国インドでは、教育は国家による統制から完全に自由であるべきだと、考えられていました。国王たちの権力も、師《グル》たちには及ばなかったのです。従って、教育についても国王の権限は何一つありませんでした。その結果、サンスクリット文学は歴史上他に例のないほど、高度な思想の自由を実現することになったのです。その成果として、インド哲学の中に、六つの互いに独立した独特の思想体系が生み出されました。この知的な活力は、教育が国家統制から自由であったからこそ、なのです。

現在では教師の地位は低下し、先生たち自身が、自分たちには何の権限もないと考えるほどです。政府が指し示す方向にただ従って進む、政治権力の命令に仕えるだけの召使いになり下がっています。政府がつくる台本に、ちょっと句読点を加えるくらいの修正をすることはあっても、せいぜいその程度。最近インドでは、教育の振興という名目で、学校や教員の数を増やそうとしています。しかし、そこには、本来の意味での「尊師《グル》としての教師」の精神はありません。よい師とはよい召使いのこと、悪い師とは悪い召使いのこと。よいか悪いか、いずれにしても、先生は召使いなのです。

教育担当部署が政府内の組織である限り、教育の独立はあり得ません。政府から任命される高等裁判所の判事もまた、国がつくった法律に縛られています。それでも、裁判官は教員よりはまだずっと独立した存在です。彼らは、法という領域の中では権力をもち、政府に反する判決を出すこともできます。教師は本来、判事よりもっと大きな自由をもつべきです。しかし、省庁のあり方一つとっても、教育省は法務省より独立性が低いのです。

私はすべての大学が次のことを世界に向けて示すべきだと考えています。すべての学生が自らの労働と知識によって食べものを得ることができ、また食べものを育てることを通じて、貴重な知識を習得することができる、ということ。自らの手によって、体を、自らの目によって、心を養うのだ、ということを。分裂している知識と労働を、再び統一できることを示すのです。学生たちは授業料も宿舎代も免除されるべきです。そして教授たちは無給です。教室、作業所、図書館、実験室などは政府から提供されます。誰にも拘束されているという感覚がないので、休暇期間を設ける必要もありません。

今日の大学は、授業料免除措置などによって前より門戸は開かれたとはいえ、まだまだ貧乏な学生にとって敷居が高すぎます。でも、私たちが考える大学は、すべての学生に開かれたものです。それぞれの学生の事情を考慮するべきです。例えば、金持ちの子息が慣れない肉体労働についてこられない場合には、一、二時間の労働を免除してやるとか。

現在、農業系の大学でさえ町中に立地していて、また、入試なしには入学できません。ということは、試験に合格して入学できたとしても、寒さ、晴、雨といった色々な気候条件のもと、農場で働くことはできないということだけは確実なのです。教授と学生は椅子に腰かけてのんきに農業を学ぶことができるというわけです！　実験用の形ばかりの畑が用意されますが、そこでの作業に携わるのは、外から雇われた労働者たちです。

高等教育だからといって特別扱いは不要です。日に六時間は働き、日々の糧を稼ぎ、またその仕事に関連する知識を得たり、科学を学んだりするのに二時間ほど教わればいい。学校も親も一切コストを負担する必要はない。金持ちも貧乏人も平等に扱われる。そんな大学がすべての村に一つずつあるべきです。

現在、人々はこう考えがちです。村には小学校、大きな村や町には中学や高校、そして都市に大学、と。でもこれは変なことです。神様がそんな配置をするとすれば、それは、村には十歳未満の子ばかりが住み、大きな村や町には十五歳くらいの子ばかり、そして都市には年長者ばかりが住んでいる場合だけでしょう。しかし実際には、生まれてから死ぬまでの人生のさまざまな出来事が、それぞれの村で起こるのですから、その人生の全体についで学べる学校が、村にあるのは当然のこと。発想の貧困な人は、一つの州に一つの大学しか計画しません。でも、私の構想では一つの村に一つの大学なのです。現状はどうでしょう。四年間、村で教育を受けた子どもは、進学のために村を後にしなければならない。これはバカげています。自分が必要とする教育は、すべて自分の村で受けられるようにするべきです。なぜなら、各人にとって村とは、断片ではなく全体。分解することのできない〝丸ごと〟なのですから。私の考える学校とは、そんな丸ごとのコミュニティ――全村民の人生の全体を包み、支えることのできる村のためのものです。

一方で、世界中の多くの貧しい子どもたちが、幼い頃から日銭を稼ぐために働かなければなりません。それでも食べものにこと欠くあり様です。教育を受けられる子はさらに少なくなります。他方、二十五歳にもなるまでの間、ずっとニセモノの教育を受けながら、働かずに金持ちになる方法を見出すために魂を捧げる若者たちもいるのです。いくら働いても十分に食べていけない人々が、何百万人もいるというのにです。というわけで、私たちの教育のモットーはこうなります。

「十六歳までは経済的自立のための教育、それ以降は経済的自立を通しての教育」

これをベースとした教育を進めない限り、上に挙げた現代教育の二つの〝悪〟を克服することはできないでしょう。

かつて私たちの先祖たちは、知識を特定の個人が独占するものとしてではなく、村人のすべてに手の届くものとして、用意しました。このやり方を私たちは受け継ぐべきです。

「サニヤーシ（遊行する聖者）」（◈91頁）という伝統がそれです。

サニヤーシは一年の大半を村から村へと旅して過ごします。一カ所に留まるのは雨季の四カ月ほどだけ。遊行者たちがもたらす知識の恩恵を村人たちが受けることになります。そして、世界について、自己について学ぶのです。

言わばサニヤーシは〝歩く大学〟、〝放浪する学校〟です。彼らは喜んで村から村へと回っていく。村で生徒を集めては、無料で教える。村から新鮮で、滋養に富んだ食べものを提供してもらえば、もう何もいらない。村人は何でも学べることを学びます。

知識を金で買わなければならないことほど、悲劇的なことはありません。知識をもつ人間が自分の知的欲求を相手に伝え、その相手が喜ぶのを見て、喜ぶ。それはお乳を吸う赤ちゃんと、授乳する母親が同時に喜びを感じるのと似ています。もし母親が赤ちゃんに授乳料を要求し始めたら、世界はどうなってしまうでしょうか?

教育は買えない

金で買われた〝知識〟は、もはや知識ではありません。商品としての〝知〟の本当の名前は無知です。真の知を私たちにもたらすのは、金ではなく、愛と奉仕だけです。もう一度、想像してみてください。旅する賢者サニヤーシがある村にたどり着く。村人たちは二、三日逗留するように頼み、敬意をもって接待し、代わりに、彼の知識の恩恵にあずかる。うまくできているでしょう?

それはちょうど一本の川が村から村へと流れていきながら、人々に恵みを与えるのに似ています。また、畑の草を食べるだけ食べたら、戻って村の子どもたちに牛乳を与えてくれる牛のように。遊行する賢者たちも、同様に、各地を歩きながら奉仕していたのです。

この「旅する先生」の制度を、現代に再生させる必要がありそうです。そうすることで、すべての村が自分の大学をもつことも可能になり、世界のあらゆる知識を村々に届ける道が開けます。

もう一つ、私たちはヴァーナプラスタ(林住期:社会的な責任から自由になって、奉仕活動や芸術活動、巡礼に勤しむ期/vanaprasthashram)という伝統を再活性化すべきでしょう。これによって、村々は大きな経済的負担なしに、常駐の先生をもつことができるのですから。すべての家庭は学校となり、すべての畑が研究室と見なされます。ヴァーナプラスタに入った人は、みんな先生です。すべてのサニヤーシが大学となるのと同様に。

では生徒は誰か。それは、子どもたちと学びたいと思っている若者たちです。どの村に

も、仕事をする時間に加えて、一、二時間を学びのために使いたいと思う者がいるに違いありません。私から見れば、村々にはすでに、生涯教育の見事な枠組みが備わっている。

この教育の目的は村が全体として、村人たち自身の力で、さまざまな問題を解決できるようになることです。村の財産や資源は村人個々人にではなく、村そのものに属します。そうして初めて、すべての子どもたちが平等に教育を受ける機会を得ることになるでしょう。子どもたち全員に新鮮で、栄養のある食べものを分け与えることもなく、どうして教育の平等がありうるでしょうか？

クリシュナ神の物語の中にもこうあります。王子であるクリシュナに対して、友人のスダマは知識階級の貧乏人の息子だった。それでも彼らは同じ尊師の家に住み、同じものを食べ、共に働き、同じ知識を授かった、と。

でも、現実はどうでしょう。村の学校へ、ある子はボロをまとって、他の子は贅沢な服を着てやってくる。また、ある子は腹ペコで、他の子は眠くなるほど満腹で。それが本当の学校と言えますか？

すべての人がよい教育を受けるにはどうしたらいいでしょう。そのためには、村人たちが同じ共同体の仲間同士とならなければいけません。そして、村にあるすべての富が、すべての知恵が、すべての力が、コミュニティの全員のために供され、活用されるのです。何を飲んでいるの、と誰かに訊けば、「お茶」と答えるでしょう。そのお茶に砂糖が入っていたとしても、「お茶と砂糖」とは答えない。砂糖の甘さはお茶全体に広がっている。でも人は、お茶を飲んでいると言い、砂糖のことは口にしない。教育とは、この砂糖のようなもの。見えないように、密かに広がっていくのです。

手、鼻、耳、目、舌は、それぞれの活動が見てとれます。でも心が動いているのは見えません。耳は〝聞く〟形をしているし、舌もまた喋っているように見える。でも、見かけはどうであれ、舌だけが喋っているのではありませんし、また耳だけが聞くのではありません。語り、聞くのは、内なる魂なのです。そして魂は見えません。それと同様、最良の教育とは目に見えないもの。教育とは、見えれば見えるほど、不完全なものなのです。

◆フレーベル（Friedrich Wilhelm August Fröbel／一七八二−一八五二）
ドイツの教育家。児童の遊戯や作業といった自己活動を重視し、独自の教育玩具を考案。一八三七年、世界初の幼稚園を創設。

◆ペスタロッチ（Johann Heinrich Pestalozzi／一七四六−一八二七）
スイスの教育家。家庭の再生と、子どもの知性・道徳・技術を育て、民衆の道徳的更正と自立を促した。

◆モンテッソーリ（Maria Montessori／一八七〇−一九五二）
イタリアの教育家。医師。児童の自発性や自由を尊重する教育環境の整備に取り組み、感覚練習教具を使った教育法を提唱した。

◆ハーバート・スペンサー（Herbert Spencer／一八二〇−一九〇三）
イギリスの哲学者、社会学者。ダーウィンの進化論の影響のもと、あらゆる社会事象は単純なものから複雑なものへと進化・発展するという社会進化論を提唱。〝適者生存〟という言葉を造語した。

◆『ヴェーダ（Veda）』
インドの宗教・哲学・文学の源流をなす最古の文献。バラモン教の根本聖典。サンスクリット語で「知識」という意味。紀元前一千年頃から紀元前五百年頃にかけて編纂された一連の文書の総称で、口述や議論などを経て、後世になって書き留められた。広義でのヴェーダは、サンヒター（本集）、ブラーフマナ（祭儀書、梵書）、アーラニヤカ（森林書）、ウパニシャッド（奥義書）の四部に分類される。

◆『バガヴァッド・ギーター（Bhagavad Gita）』
サンスクリット語で「神の詩」を意味するインドの古典。大叙事詩『マハーバーラタ』の一部を成す約七百の詩篇。同族間の戦争に悩む王子アルジュナの問いにクリシュナ神が答える形で、教えが説かれている。

◆**『東亜四千年の農民』**（Farmers of forty centuries; Or, Permanent agriculture in China, Korea and Japan／一九一一）
アメリカ人の土壌学者、フランクリン・H・キングが、当時のアメリカにおける農地の荒廃問題を解決するため、一九〇九年（明治四十二年）に中国、朝鮮、日本を訪れ、農業を視察。東アジアの伝統的な農法の中に永続性の鍵を探り、それを記した。

◆サニヤーシ（sannyasi）
遊行する聖者。出家者。あらゆる権利や義務を放棄し、お金や家族、家などをもたず、托鉢して歩いて廻る修行者。

イギリスでは音楽と絵画を
ファイン・アート（芸術）と呼ぶ。
それに倣って私は料理を
芸術と呼びたい。
長年私はこの仕事に携わり、
多くの人にも勧めてきた。
ヴェーダンタ以上の
霊的経験はなく、
数学以上の科学はなく、
料理以上の芸術はない。

掃除をする。
その場所はまず、我慢できるようになり、
次に清潔になり、美しくなり、
そして最後には神聖になる。
…心の内の掃除も同じこと。

2 民衆の力とローカリゼーション

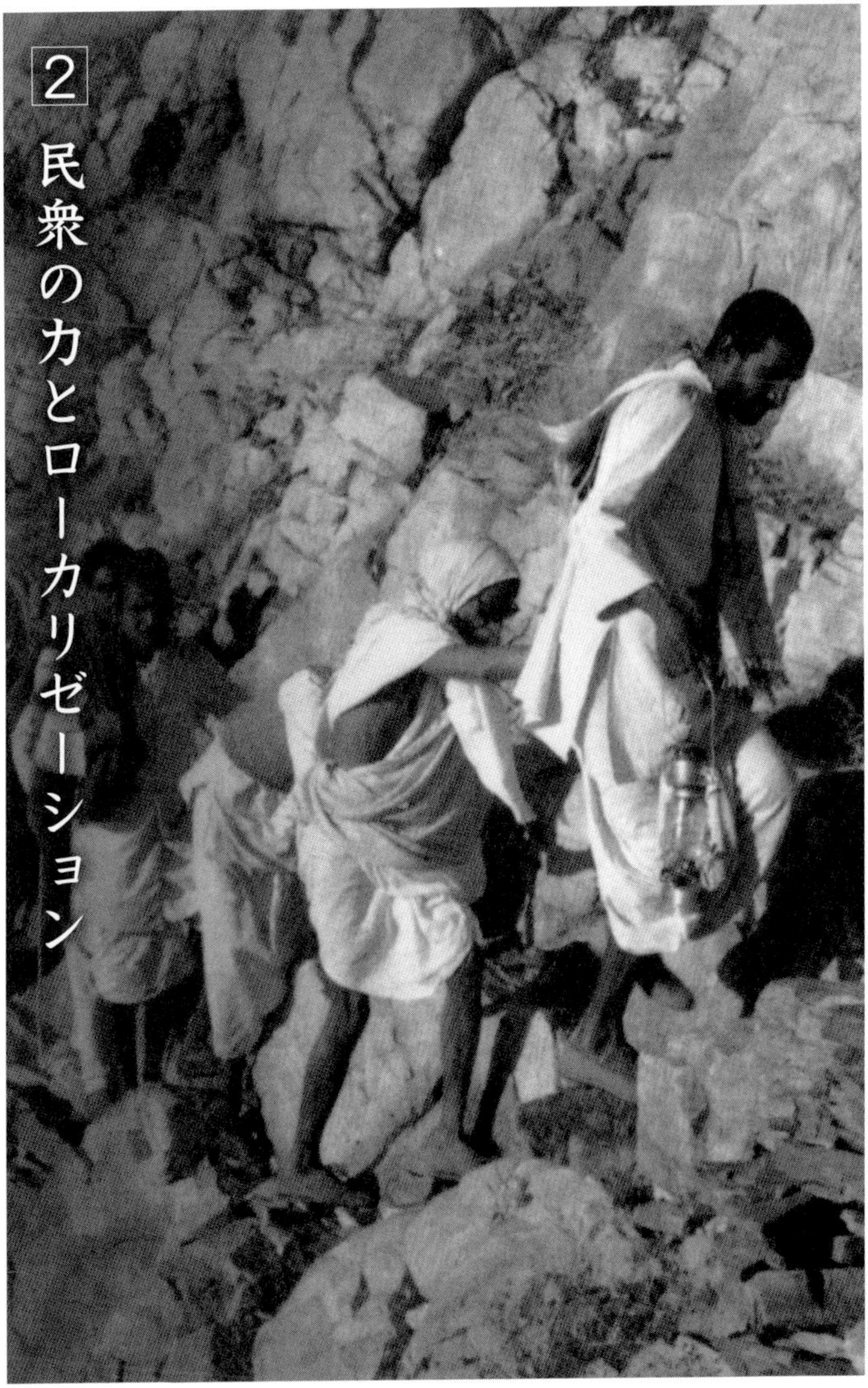

政府からの自由

「サルヴォダヤ（sarvodaya）」とは政府からの自由を意味します。権力の分散、つまり「分権」です。「政治家による上からの統治」を廃して、愛、共感、平等を基本とする「民衆による統治」に切り替えるのです。

そこでは、決定は多数決ではなく全員の合意でなされ、普通の人々の団結力がそれを実行に移します。そうなって初めて、「万人の飛躍」を意味する「サルヴォダヤ」が実現するわけです。もちろん、それは非暴力によってしか、成し遂げられません。

インドにはアショカ王（◈139頁）が創った四頭の獅子の紋章（◈139頁）がありますが、これは非暴力の象徴です。牛や羊が群れるのは臆病だからです。臆病と非暴力とは違います。例えば羊は臆病なだけであり、非暴力ではありません。一方、獅子は勇猛ですが、そのジャングルの王としての地位は、他の多くの動物の犠牲の上に成り立っている。獅子は勇敢ではあっても暴力的であり、だからこそ孤独な存在なのです。

アショカ王は四頭の獅子を組み合わせて、勇気と他者への愛をあわせもつ、新しいタイプの獅子を創り出しました。羊は群れたがるが臆病で、獅子は勇敢だが愛に欠けるのです。

勇気と愛が一緒になったときに、非暴力が生まれます。つまり、非暴力の強みは、勇気と愛の結合の力なのです。人間には獅子の勇気が必要です。しかし、だからといって、離れ離れに生きるのではなく、他者との調和の中に生きることができるはずです。そしてそれこそが本当の革命なのです。

現代世界における最も強力な組織には二種類あります。一つは宗教組織、もう一つは政治組織です。つくられた当初、それらは社会にとって、なくてはならない有用なものでした。でも現在では逆に、社会がこれらの組織から自由となることが必要となっています。私は宗教をなくせばいいなどと言いたいわけではありません。ただ、宗教組織をなくすことが必要だと言うのです。同様に、民衆を支えるための公共の福祉をなくすべきだと言っているわけではありません。福祉の名のもとに、権威を振り回す政治や行政の組織をなくそうと言うのです。

インドでは遠い昔から君主制が存在していましたが、王は民衆によって選ばれ、リシと呼ばれる賢人たちの知恵を借りて統治を行っていました。重要な問題が生じるたびにリシたちのもとに行き、教えを乞います。つまり、事実上はリシたちが統治していた、と言えるほどです。しかし彼らはあくまでアシュラム（修行道場／ashram）に住み、王座にはつかなかった。王はしばしばリシのもとに駆けつけ、問題解決を求める。リシは熟考後、返答する。その答えを王は忠実に守り、実行したのです。

リシと呼ばれる人々は、選挙で選ばれたわけではありません。アシュラムに住み、瞑想を行いながら、世界の幸せについて考えたのです。簡素で自制的な暮らしを送り、沈黙、断食などの行に勤しみ、草や根を主食として、肉欲や怒りを鎮めることに努めました。そうした生き方を貫くリシたちの言葉こそが法であり、王の統治の基だったわけです。

『ウパニシャッド』には、王が自分の国には泥棒も守銭奴もいない、と宣言するくだりがあります。守銭奴がいるところには泥棒もいる。守銭奴は泥棒の父。盗難が増える原因は守銭奴にある、というわけです。

また王国には無知な人間もいませんでした。読み書きができない人間も一人としていなかった。そして神を崇めない者もいませんでした。ここインドでは、大昔から、学びと知の伝統が人々の中に生き続けてきたのです。

私たちは今、科学が拡張し続ける時代に生きていますが、それは同時に何千年もの間に蓄積された、英知の伝統を引き継ぐ時代でもあるのです。こういう時代にこそ、知識についても、信仰についても、人に頼らず自分のことは自分でやり遂げるという態度が大切だと悟らなければなりません。

少数の人間のみがあれこれ〝善行〟を施し、それを受け取る他の大多数がその重荷でつらい思いをするというのは、決してよい状態ではありません。政府によって行われる善行でさえ、それが人々の心に与える影響を考えれば、よいこととは言えないのです。

選挙になると、政府与党は今までやってきた〝善行〟を並べて、自分たちへの投票を訴えます。彼らの言うのが本当で、実際によい政治が行われたのだとしても、その〝施し〟が重荷となって、人々が抑圧されることを思うと、私は悲しいのです。政府が誤りを犯したとき、「あなたはなぜもっと強く抗議しないのか」、と私に問う人もいます。確かに、私は政府に抗議することはありません。機会があれば、その問題について触れることはありますが。しかし、私は政府が何かよいことを行ったときには声を上げます。政府の誤りに抗議する必要はなく、抗議する必要があるのは、その善行に対して、です。さもなければ、まるで飼いならされた羊ではありませんか。みんなが羊になって、いかに羊飼いが自分たちの面倒をよく見てくれるかを自慢する。これがそんなにうれしいことなのでしょうか？

私から見れば、羊飼いがやるべきことを何もやらないでくれた方がましです。そうすれば自分自身を取り戻すことができるから。そして自分が羊ではなく人間であることを思い出し、自分のことを自分でやれるようになるでしょう。

これが、よいことをする政府に、私が抗議する理由です。悪い政府はみんなから非難されます。人々は、悪い政府の存在を許してはいけないということをよく知っています。だからいたるところで抗議行動を起こす。でも私にとって悪いのは、私たちがそもそも統治されるのを許しているというそのことなのです。仮にそれがよい政府であっても、です。サンスクリットの格言に「王権の後に地獄が来る」、というものがあります。『ヴェーダ』の教典の中でリシと呼ばれる聖者たちは「自治のために努めよ」、と言っています。「政府などいらない。必要なのは自分という政府である」、と。

政府は首都から統治するもの。たとえ私たちが選挙で選んだ人たちがつくる政府であっても、です。地域においては、しかし、誰もが自分自身の生活を管理し、運営する。つまり、それが〝自分という政府〟であり、自治です。例えば私が、「いくら腹が減っても盗みはしない」、と決心する、それが自治です。もし私が誰かの命令に従って行動するなら、いったい自治はどこにあるでしょう。自治とは自分自身を統治すること。民衆による自治も同じことです。それを実現するためには、人々が自らを鍛えて、自らを統治する力をもたなければなりません。

こう信じる勇気が必要です。自分たちのコミュニティのことは、自分たちでやっていくことができるのだ、と。自治の印の一つ、それは、世界中のいかなる権力によっても、自分たちが支配されることを許さない、ということです。自治の二つ目の印は、逆に、自分たち以外の、誰の上にも力を及ぼさないことです。服従なし、そして支配なし！　この二つの原則を、政府が法規として導入することなどありえません。しかし、それらは人々の意識の中の〝革命〟によってのみ、もたらされるのです。

非暴力を信じる人々に、私は〝ロクニティ〟（人民による統治／lok-niti-government）をつくるための努力を訴え続けています。言い換えれば、〝ラジニティ〟（政治家による統治／raj-niti-government）を終わらせる、ということです。政治的な〝王〟たちに支配される〝王〟国でなく、普通の人々自身によって統治される共和国をつくろうというのです。

世界には、「政府こそが救世主であり、それなしに、我々は道に迷ってしまう」、という間違った考え方があります。「政府なしには何もできない」、と人々は思わされているのです。「農業や産業がなければ生きていけない」、ということは、私にも理解できます。「愛と信仰がなければ生きていけない」、ということも。しかし、政府というものを、これらと同列に語ることなどできません。

私は以前、こう提案したことがあります。「すべての役人が二年間仕事を止めてみて、その間に何が起こるか見てみたらどうか」、と。世間を動かしている仕事の流れが止まってしまうか？　農家の野菜を売れなくなるか？　酪農家がバターをつくれなくなってしまうか？　結婚がなくなり、赤ん坊が生まれなくなるだろうか？　太陽が昇らなくなれば、世界はそれまでです。雨の恵みがなくなれば、やはり世界の終わり。私たちが真に必要としているのは神の恵みであって、役所の恵みではありません。もし政府が二年間機能を停止したらどうなるかって？　その間に、政府が不可欠の存在であるという幻想が打ち砕かれることでしょう。

最も望ましい政府とは、「本当に存在しているのか」、と疑われるような政府なのです。中央にすべての権限を渡してしまうのではなく、人々が自分たち自身でコミュニティの面倒を見られるようでなければいけません。

中央政府の権力者たちは、〝神による統治〟に見習うべきです。つまり、見られることも、感じられることもなく、世界中に分散する——それが神の政府というもの。神は世界を治めるために一日何時間働くのかって？　ヒンドゥーの教えでは神は働きません。統治とは、あれやこれやの活動ではなく、〝思想〟です。活動しない政府ほどよい政府なのです。理想の政府とは武装せず、そこには警察も刑罰もない。政府に頼る代わりに民は自分の足で立ち、他者の意見に耳を傾け、倫理観や道徳によって自らを律する。それがあるべき社会です。

思想は人間生活の基礎です。それが変化や進歩を生み出します。思想が運動をつくり、力を蓄え、新しい生活を創造します。やがて社会構造が変わり、生活の形も更新されます。フランス革命をもたらしたのも、一つの思想でした。マルクスは彼の思想を書き表し、それが新しい国々の形成につながりました。人間は強い、力は思想のおかげです。食べたり、飲んだりするのも人間ですが、そこにも考えがついて回るのです。

サルヴォダヤの基本原理は、「すべての善は個々の善の中に含まれている」、です。個々人にとっての本当の意味での利益が、他の人の利益と衝突することはありえません。コミュニティ、社会階層、そして国の間でも、真の利益がぶつかり合うことはありません。「利害が相反する」、という考えそのものが間違いなのです。「私の利益はあなたの利益」、であれば、利害衝突はありません。しかし、もし悪を善と見なしたり、災いの中に福があると考えたりすると、利害の衝突が起こります。自分が賢くて健康であれば、それは他人の利益でもある。喉が渇いているときに私が水を得る。それはあなたの利益でもある。互いの利益が相反していると考えてしまうのは、利益の中身について誤解しているからなのです。

革命的な思想を政府が広めることはありません。政府というものは、一般的によいとされてきたことを実行に移すことしかしないし、またそうせざるを得ないのです。そうしないと次の政府に取り替えられてしまうから。民主主義では、政府が召使いで、民衆が主人です。もし自分の考えを受け入れてもらいたいと思ったら、召使いに説明しますか？ それとも主人に？

革命的な変化を民衆の中につくり出すことは、政府の力をもってしてもできません。もしそのような民衆革命が政府の力で実現できるなら、なぜ、ブッダは自分の王族としての権威を放棄したのでしょうか？ 一方で、アショカ王が仏教に改宗した後も、王の権威を用いて仏教の普及を行っていたではないか、と指摘する人もいます。しかし、私はこう言わなければなりません。インドにおける仏教の衰退は、政府の力を後ろ盾にしたときから始まった、と。キリスト教の信仰も、コンスタンティヌス帝が保護者となった途端に、名ばかりのものと化してしまいました。キリストの一番弟子たちによって実践された純粋な宗教は終わりを告げ、教会には偽善がはびこりました。宗教運動が王権によって受け入れられたとき、本当の信者とは言えない、ただの国王信奉者というだけの、何千という者たちが改宗しました。もし国家と宗教との間に真の出会いがあったとすればどうなるか。そのとき、宗教は国家を滅ぼすしかないでしょう。この両者は太陽と暗闇のように、共存することができないのです。相手を力で動かすことは、宗教の原理にはありません。宗教はみんなに仕えるもの。その教えは愛に基づくものです。

政府がもっていて、人々にはない力とは何でしょう？　政府には、お金というものを使ってあれこれ実行する力がある。でも、それは誰のお金なのでしょう？　もともとは私たち民衆のものであり、税金という形で政府に渡したお金です。政府は自分でお金を稼いでいるわけではなく、ただ私たちがあげたものをもっているだけです。私たちは貧乏かもしれませんが、でもその私たちがもっている富のほんの一部をもっているだけの政府は、もっと貧乏なのです。民衆は井戸で、政府はその水を入れるバケツです。人々が働いて得た富の総量は、政府に渡した分に比べてはるかに大きい。政府の富が大きく見えるのは、単に一カ所に集中しているから。私たちの富はそれぞれの家に分散しているので、目立たないだけ。

インド政府の五カ年計画によると、毎月八億ルピーの支出が見込まれています。これは四億人の人が毎月二ルピーずつ使うということと同じです。偉大なる政府がやっているのは、せいぜいこの程度のことなのです。子どもでも糸紡ぎをすれば一日でニルピー稼げる。つまり、子どもでさえ政府よりはるかに生産的なのです。ところで、そのニルピーで政府は何をしようとしているのでしょう？　鉄道や学校の建設、農業や商業の振興などでしょう。工場が建てられ、科学研究が実施され、文学が奨励され、言語が教えられる。これらすべてがニルピーで行われるのです。もし、人々が政府に頼る代わりに、自分たちのことは自分たちでやろうとすれば、さらに大きなことができるはずです。こうした富は、どうやってつくられるのでしょう？　労働によってです。誰の労働でしょう？　民衆のです。だから、政府の財布がもつ力など、民衆全体の富の力の足元にも及びません。

法律がもつ力にも触れなければなりません。世の中に泥棒が少ないのは、政府が法律で縛っているからだと、あなたは思いますか？　社会が条例や処罰についての規則によって成り立っていると思いますか？　いいえ、社会における倫理的伝統や行動規範の水準は、法律のおかげで成り立っているのではありません。人類に聖典をもたらしてきた、賢人たちの教えのおかげなのです。政府の法律など、誰も読みません。国家の豊かさとは、社会の隅々にまで浸透した民衆の「よき心」のことです。政府には人を正しい道へと導いたり、高貴な行動へ向けて人を励ますような力はありません。そういう力をもっているのは、政府より民衆自身です。そう考えれば、「政府がなんでもやるべきだ」、というのがおかしいことは明らかではありませんか？　人々が活力と自発性を失って、政府に何でも頼るようになったら、社会が栄えることはできません。この私たちの社会が、自らの足でしっかり立てるようにしようではありませんか。みんながコミュニティのために行動するという気構えをもったとき、私たちは前へと進むことができます。サルヴォダヤの思想は、みんなが胸を張って自立できるように、一人ひとりを励まします。

サルヴォダヤの最終ゴール、それは政府からの自由です。「政府からの自由」という言い方をしましたが、それは〝無政府〟のことではありません。無政府状態はいくつかの社会に見られますが、そこでは秩序が乱れ、反社会的行為がまかり通っています。こういう意味での無政府状態は、私たちの理想からは遠いものです。「政府のない状態」は「よい政府のある状態」に置き換えられる必要がありますが、その「よい政府」もまた、「政府からの自由」によって置き換えられるのです。政府から自由な社会とは、無秩序な社会のことではありません。それは秩序だった社会であり、民衆たちの草の根の力によって運営される社会なのです。というわけで、民衆一人ひとりが自分の力を自覚して、自分の足でしっかりと立てるようになる必要があるのです。

今日、暴力の力と、国家の力が世界を支配している。
私たちは第三の〝力〟を求めている。
それは民衆のパワーだ。

政府についての理論

ここで、政府についての三つの理論を見ていきましょう。

一つ目の理論。国家は縮小し、最終段階には国家がない状態となるが、それが実現するためには、現在の初期段階で国家が最大の権力を振るわなければならない。これは、初期段階では全体主義者、そして最後の段階では、アナキストが支持しそうな理論です。

二つ目の理論。何らかの形の政府の存在は過去、現在、未来のいずれにおいても必要であり、政府がない状態は不可能である。だから、社会は政府のもと、秩序を保ち、万人の福祉が保障されなければならない。一定の分権化は許容できたとしても、重要なことは中央政府の決定によるべきである。この理論を支持する者たちによれば、政府は常に存在するもので、社会によって選ばれた政府が社会全体を統括するものだ、というわけです。

三つ目が私たちの理論で、初期には政府形態がある程度必要だが、その後、発展的に解消されていく、というもの。国家の廃絶に向かってゆく過程に、全体主義的な独裁などがあってはなりません。その代わりに、徐々に地方へと、地域へと、政府を分割していくことを提唱します。最終段階には強制力はなく、純粋な倫理の力だけが働くようになります。こうした、自らを方向づけることのできる社会が成立するには、自給力をもつ集団同士をつなげるネットワークが必要です。生産、流通、防衛、教育などのすべてが、地域へと分散され、〝ローカル化〟されます。こうして、各地域の自給力を基礎に、分権化された社会が生まれます。

経済的な観点から見ても、大きな組織の必要性は徐々に薄れ、最終的には消えてしまいます。政府というシステムの中央集権化が進むと、その解体はますます難しくなるので、分権化の開始は今すぐ必要なのです。

とはいえ、一つの村が最初から生活物資のすべてを自給する必要はありません。自給の単位は、村落の集合体であってもよいのです。地域の自治や自給を進めながら、政府によるコントロールを段階的に廃止していく。この方向性が、すべての計画に明記されなければなりません。

人々もまた、可能な限り自治と自給の力をもつべきです。結局はそれが、神の計画というものですから。神は人間に感情や知性など内面的なものだけではなく、目や耳や鼻などの外的器官も与えています。神は決して、目だけ、耳だけ、手だけを十個ずつもつ、スペシャリストをお造りにならなかった。他人にいちいち頼らなくても、自分で見たり聞いたりすることのできるように、私たちみんなを造るのが神の計画でした。これは神による徹底的な分権化で、それが完成すれば神にはもう何もすることがなくなります。

ところが、中央集権システムのもとでは、いつまで経っても、政府も国家もない社会の実現に近づけないのです。ある地域では砂糖だけを生産し、別の地域では穀物だけ、もう一つの地域では油だけをつくる。すると、それぞれの産物をやりとりするための輸送、流通が必要となる。もし地域間の紛争でも起きれば、砂糖や油しかない地域では暮らしていけなくなります。

これまで私たちは選挙を通じて自分たちの代表を議会に送り込むことで、自分たちの仕事は終わったと考えていました。後は中央政府が、必要なサービスをちゃんと提供してくれるだろう、と。

人々は政党ごとに分断されます。同じ政党の中でさえ、派閥などをつくって政党内政治を展開します。こういう仕組みの中に公正なサービスなどありえない、と私は言っているのではありません。少数ではあれ、よい仕事をきちんとやれる人はいるはずです。しかし、その数は、片手で数えられるほどでしょうが。大半の政治家は権力そのものを楽しんでしまうので、公平無私というわけにはいきません。一方、野党の政治家たちは、政権の座につきたいがために、政府与党の失敗を探し、糾弾することに精力を傾けるのです。

現在の状況では、民衆の力に対する信頼は地に堕ちています。政権の座についてこそ目的が達成できると考えている政党のリーダーたちにとって、信頼を寄せるべきは、民衆の力ではなく、政府の権力なのです。民衆の方でも、自分たちに何をしてくれるのか、と政治家たちに問いかけます。つまり、民衆も、自分たちの力を信頼できないでいます。個々の公共サービス自体は何の価値もないと見なされ、一部の政治家がそれを手がける場合には、権力へと近づく手段としてなのです。

インドには、「公僕」と呼ばれる六百万人もの政府公務員がいて、その数は増え続けています。これは失業者対策にもなると言われますが、実際には、これだけの職員を他の国民が養っているわけです。計算によると、十三世帯が一人の公務員とその家族を支えていることになります。こうして、生産的な仕事をせずに、高い生活水準を維持する官僚中産階級とでも呼ぶべきものが形成されます。この人たちは生産的な仕事や肉体労働を免除されるばかりか、もし望めば民衆を抑圧する力ももつのです。それでも不十分だと言わんばかりに、よい仕事につけずにいる高学歴者のためにもっと多くの仕事を、という要求の声が上がっています。しかし、社会にとって、こうした非生産的な官僚中間層を増やし続けるほど、危険なことがまたとあるでしょうか。そのための膨大な財政支出という重荷を背負うことが、わが国にとってよいことであるわけはありません。

この非常に高価な政府関係の一連の仕事は、〝サービス〟として知られています。そしてそのサービスの中身の豊富なことと言ったら！　市民生活サービス、医療サービス、教育サービス…。これら市民サービスを担う役人たちが高い給料をもらう一方で、〝ご主人〟に当たる国民の貧困層は、そのサービスを受けながら飢えているのです。何百万ルピーを稼ぐ人たちが公僕、つまり〝召使い〟と呼ばれ、その一方で、国のために食料をつくっている人たちは、私腹を肥やすことしか考えない利己主義者と見なされます。

ここで言う〝サービス〟とはいったい何なのでしょう？　もしこの言葉に本来の意味を認めるなら、ここにあるのは偽善そのものです。ゴミ収集人、母親、教授…、そして、その他の夥《おびただ》しい数のサービスの価値を、どうして金銭に換算することができるでしょう。だからルールが必要です。心をこめて社会に奉仕する人は、生活できるだけの賃金を受け取るべきです。同じように、首相を含む政府の役人たちも、生活のための賃金を受ける権利があります。そして彼らの賃金は、労働者階級やゴミ収集人たちと同じ水準であるべきです。私もいろいろな形で社会に奉仕してきました。教授、判事、百姓、物書き、編集者などさまざまです。でも、ある仕事が他より価値が高いという感覚をもったことはありません。どの仕事からも同じ満足感を得ました。もし、私が必要とするより多くの報酬を私に与えようとする者がいたら、私は困惑するでしょう。それは受け取れません。どうして自分が必要とする以上のパンを受け取るべきか？　その理由を考えれば考えるほど、途方にくれてしまいます。要するに、それはただ、誰かが与えようとしているから、というだけなのです。すべての仕事の経済的、社会的、そして精神的な価値は、同一です。

独立以前のインドでは、自由を目指す運動は宗教上の義務であり、聖者や隠遁者も運動に参加していました。当時はそれこそが、〝力〟への道だったのです。しかし独立後の今日では、次のような努力こそが〝力〟への道です。民衆による奉仕、身分の高低差や主従の間にある溝を埋めること、抑圧された女性たちや、差別された低カーストの地位向上…。新しい社会秩序をつくろうとする者の前には、当然、壁が現れます。それを乗り越える好機に恵まれたと思うことにしましょう。

私たちは、政府や権力に頼らない、「ロカシャクティ（民衆の力／loka-shakti）」を育てなければなりません。それは他の二つの〝力〟、つまり、〝暴力という力〟と〝国家という力〟から明確に区別されるべきものです。

「民衆の力」は暴力とは反対の極にあるものです。一方、「民衆の力」と「国家の力」との違いは、一見、それほど明白とは言えませんが、やはり違うのです。もちろん国家の力には暴力の要素が内包されていますが、それは民衆によって国家に委託された力だという点で、裸の暴力とは一線を画すのです。しかし、私たちはそこに留まっているわけにはいきません。さらに前へ進んで、国家の力が必要なくなるような状況をつくることを目指します。

なぜ政治の世界に入っていかないのか、と私に問う人たちがいます。もしそうしたら、今のように自由に仕事ができるだろうか、と私は自問します。自分が真実だと信じることを、何にも邪魔されずに話すことができるだろうか、と。

政府の一員となれば、口を開くたびに、自分の言葉がどういう影響をもたらすかを考えなければならないでしょう。次の選挙に勝てるだろうか、と。そうなったら、今の私を満たしているスピリチュアルな力を保つことはできなくなるでしょう。もうライオンのように吠えることはできなくなります。敷かれたレールの上を大人しく走る、エンジン付きの貨車のように生きなければならないのです！

もし首に石を巻きつけて川を泳ぐことができるなら、その人は水泳の名人に違いありません。だからといって、石が泳ぎの助けになるわけではありません。その人は石のおかげで泳げたのではなく、石があったにもかかわらず、泳げたのです。これと同様に、力というものは、人々が奉仕活動をする助けにはなりません。特別な力をもつ聖者は、まるでその力など存在しないかのように淡々と仕事をするのです。

例えば、私がとても魅力的な学校をつくったとします。すると親たちは子どもを公立の学校の代わりに、私の学校に通わせようとするでしょう。その結果、公立学校には生徒が行かなくなり、閉鎖に追い込まれます。自分たちの公立学校をつぶされた政府は、私の学校に目をつけるでしょう。そして私にこんな手紙を書いてくるかもしれません。

「あなたの学校はとてもうまくいっているようなので、一万ポンドの補助金を出しましょう」

もしそのお金を受け取ったら、私はおしまいです。だから私は、政府にだいたい次のような返事を送ります。

「補助金のお申し出にとても感謝します。しかしながら、私の学校は政府からは独立したものであり、補助金は支援にはならず、むしろ害をもたらします。従って、お申し出をお受けすることはできません」

こういうふうにして、私たちは〝民衆の力〟を育むのです。

人々はいつも、政府はこれをやってくれない、あれもやらないと不平を言います。でもその政府とは、結局、何なのでしょう？　政府は全能の神より強力だとでもいうのでしょうか？　神は私たちに雨の恵みを与えてくれます。でも雨だけでは作物は育たない。雑草ばかりがはびこるかもしれません。作物を収穫するために、農民たちは汗をかかねばなりません。もし神が食べものを与えてくれないのなら、政府が与えてくれるのでしょうか？

自分たちの力を政府から引き出そうとするのは、考え違いです。真実はその逆で、政府が私たちから力をもらっているのです。何でも政府に頼り、それをまるで神のようにもち上げている限り、世界が束縛から解放されることはありません。今日の世界に真の自由は存在しません。そして、私たちが引き続き代表制民主主義なるものを維持し、自分では何もせずにただ〝代表者〟たちが全部やってくれると期待している限り、自由を得ることはできないのです。ただ私たちに怠けぐせがあるとか、自分たちの〝代表者〟にすべてを丸投げして、自分は何もしないことだけが問題なのではありません。もっと悪いことには、各政党がこぞって憎しみと対立を煽るので、民衆はもう自分の力を育てられる状況ではなくなっています。社会主義者、共産主義者、バラモン、非バラモン、ヒンドゥー、モスリムなどすべての勢力が、民主主義と自由の名のもとに、非難し合い、傷つけ合っています。真の自由とは何か。それは、「草の根における自由」に他なりません。

民主的政府の最大の欠点は、私たちがすべてを一握りの人たちに委ねてしまうことです。これでは、人々の生活が自分たちの手の内にあるとはもう言えません。少数の個人が全権を握り、残りの人たちは政府が自分を守ってくれるだろうと期待します。あらゆることが一番上にいる者の考え一つで左右されます。民主主義の名のもとに、少数のエリートによる独裁を許し、それこそが身の安全だと思い込んでいるのです。

世界中で、政府が選挙によって選ばれていますが、それは民衆がその社会を統治しているということではありません。この国でも〝主人〟であるはずの私たち民衆は、頭を使う必要すらないかのようです。なぜなら五百人の国会議員という〝公僕〟たちが、私たちのするべき仕事をみなやってくれるから、というわけです。しかし、本当の主人は、もちろん議員たちの方なのです。民衆が〝主人〟であるというのは名ばかりで、実は奴隷なのです。これが民主主義ですか？　アメリカでは大統領と少数の側近が全権を握っています。もし彼らが判断ミスをするだけで、世界は火の海と化すかもしれません。それがどんな代表者であっても、それほどの権力を委ねてしまうことは、恐るべきことです。自分たちの人生を、自分でコントロールできなくなるのですから。世の中にはありとあらゆる法律があります。婚姻、教育、土地、商売…。私たちの暮らしの中に、政府がこしらえるこれらの法律によって縛られていないものがあるでしょうか。このとても危険な状態は、しかし、世界中を覆っています。私たちが〝代表者〟に委ねるのは、大して重要でないことだけにしておくべきでしょう。本当に大切なことは自分たちで行わなければいけません。

選挙で選ばれた少数の人々に権力が集中し、彼らがすべてを動かしているような状態は、民主主義とは呼べません。選挙権をもっているからといって、本当の意味での力を手にしたとあなたには思えますか？　選挙では、何が起こっているのでしょう？　百人の有権者がいても、実際に投票するのは六十人くらい。つまり、三十票とった政党は権力をもてるのです。残りの三十票は他の複数の政党で分け合うため、三十人の有権者が百人を代表する政府を選ぶことができるのです。

こう仮定してみましょう。議会に、ある法案が提出されます。三十人の与党議員が党の集会でこの法案を議論し、半分の十五人が反対意見だったとします。でもこの十五人は、議会の場では与党議員として、自分の意見に反した賛成票を投じます。残りの十五人は、党を仕切っている党首や、それに続くリーダーたちに従うだけのことです。こうして結局、わずか二、三人の者たちが権力を手にするわけです。

今日、〝福祉国家（ウェルフェア・ステイト）〟の名のもとに権力の集中が進んでいます。そこから民衆がいくらかの利益を得ているとしても、私に言わせれば、これは〝ウェルフェア〟ならぬ〝イルフェア（ダメなやり方）〟です。というのは、少数の人のみに力が集中してしまうから。今日の政治とは、その権力によって社会の上にありとあらゆることを押しつけようとするもの。その意味でいうなら、福祉国家の政府ほど、徹底してそれをやろうとするものはありません。その徹底ぶりは怖いほどです。

福祉国家は、はじめのうちはなかなか魅力的に見えます。人々はこんなふうに言うかもしれない。

「前の政府はただの警察国家で、防衛のことしか頭になかった。だからその他のことは何でも社会の方でするしかなかった。そんな政府に代わって、今度の新しい政府は社会福祉の方もやってくれるに違いない！」

しかし、福祉国家という考えは新しいものでも何でもありません。古代インドの作家、カーリダーサ（◈139頁）が、ヒンドゥー神話に登場するディリパ王と彼の王朝について書いた本がありますが、その中に、福祉国家ともいえる国のあり方が出てきます。

「国王は国民の暮らしの一切について面倒を見ていた。そうすることで国民を守り、その生活を維持した。そんな王様こそが、国民にとって本当の父親で、他の父親たちはただの生みの親にすぎない」

カーリダーサのこのくだりは、私にとって恐ろしいものです。何が恐ろしいって、理想的とされる王の、理想的とされる統治が、です。国民がこれほど完全にコントロールされている国では、人々はもう自らの意志で何をすることもできません。政府が社会のあらゆる分野——社会改革、農業改善、衣服、教育、防衛、産業政策、文芸振興など——に渡って計画を立て、それを実行します。民衆は完全に受け身のまま。ただの被保護者、いや、羊の群れそのものです。

福祉国家は、本来民衆がもっている力の大部分を、少数の権力者の手に委ねることによって成り立ちます。そしてその少数が国民生活全般を支配します。六億人の国民のための政策は、首都デリーで立案されます。日常生活のあらゆる側面に影響を与えるような決定が、デリーでなされるのです。どんな社会改革を行うべきか、どんな医療システムを採用すべきか、どんな言語を話すべきか、どんな映画を見るべきか…。その全部を決めるのです！　こうしたことのすべてを決める力を国に委ねてしまえば、民衆にとっては、もう独立も自立もありません。

インドばかりではなく、これがまさに今、世界中で起こっていることなのです。真の自由は失われ、あるのは〝自由の幻想〟ばかり。すべてのコミュニティにおいて、すべての人が人生を自分の手に取り戻さない限り、自由はありません。それぞれのコミュニティが生活全般の運営を自分たちで行い、住民同士の仲たがいを解決し、子どもをどう教育するかを決め、平和と安全を確保し、物資の流通のための市場を運営する。そうなれば、人々

インドの頭脳は都市にある。
だがその心は、村にある。
心に触れないで、
それに影響を与えることはできない。
だから私は乗り物にも乗らず、
歩いて旅をする。

の自尊心が回復します。どのコミュニティでも、ごく普通の人々が公共の仕事を経験しながら、さらに自信を深めるでしょう。

しかし現状では、民衆の草の根レベルにそうした知恵や技術はありません。今日の一国の首班は、まるで王様のような存在です。違うのは、首相や大統領が、四、五年という任期つきの支配者であること。もう一つ、王なら息子に王座を譲れるのに、首相はそれができないことくらいでしょうか。それ以外では統治の構造は同じようなもの。その権力は少なくとも数年は絶対的で、権力者の言うことがまかり通るのです。

ただ、四、五年と言いますが、現代の五年は昔の五十年に相当する長さかもしれません。昔なら、王の命令が国の隅々にまで届くのに三、四年はかかったでしょう。もしその間に状況が変わってしまったら、最初の命令が行きわたる前に、また次の命令を出すことになる。そしてそれが村々に行きわたるのにも何年かかかる…。つまり、王は名ばかりの存在だったのです。実際には、王の命令が臣民の生活に大きく影響することはなく、人々は自由気ままに暮らしていました。

でも現状は大違いです。政府の制定する法律は、その日のうちに国中に届きます。マスメディアの発達のおかげで、二時間のうちに施行できるほど。こういうわけで、今の支配者は、昔の王様の五十年分以上の仕事を五年でやることができるのです。現在の五年という期間は、昔の王様の一生に当たる、と言ってもいいでしょう。

間違って、こう考えないようにしてください。今の権力者の任期が終わったら、また自分たちの力を発揮できるから大丈夫、と。五年後には状況は完全に変わっているかもしれないのです。昔と違って、〝民意を問う〟ための選挙という一種の〝ショー〟があるために、権力者たちは何をやっても、人々の同意を得ている、と主張できるわけです。昔の王様にはそんな言い方はできませんでした。現在では、警察の暴力や軍事行動さえ、国民の支持のもとに行われていることになっています。国民からの委任を受けた者として、発砲や攻撃は正当な義務の行使であった…、などという言い方をします。昔は、王の臣下たちが「民衆の支持のもと」などと言うことはできなかった。すべては王の命令なので、王は、その善し悪しにかかわらず、起こったことの全責任を自分で引き受けていました。しかし今ではどうでしょう。民衆が、現代の王様としての政府がやることの責任をとらなければならないとは！

こうした仕組み全体が、実は、インチキなのです。民衆の力が表現できない、という問題に留まらず、政府が「民意を代表する」という言い方がまかり通るところが一層有害です。昔は王が将軍たちを選んでいました。今は首相が自分の側近を選び、内閣をつくります。そうしないと、よいチームワークができないのだそうです。

現代の民主主義は、王制における王の絶対的権力に対抗する形で現れました。しかし、自分たちが倒した古い王制と同じ誤りを繰り返しているのです。つまり、権力は中央官僚組織に握られたままです。民衆は果たして自由だといえるでしょうか？　自分たちは無力だと感じているこんな状況で。

昔の王制と今の選挙で選ばれる政府の違いは何か。それはただ一つ、昔は自分の肩に他人が重荷を載せてきたのに対し、今は自分で自分の肩に重荷を載せている、ということです。新たに獲得した「権利」というのは、新たに自分に背負わせることになった〝重荷〟でもあるのです。しかも、その荷をずっと運び続けるのは、他ならぬ自分です。私たちはヒトラーを独裁者と呼びますが、でもその彼も選挙で選ばれました。しかも圧倒的な支持を得て。我がインドの昔の王の中には暴君もいて民衆を苦しめましたが、その圧政の影響は、それほど広域にわたるものではありませんでした。昔の状況は、今とは大きく違っていたのです。当時の政府は限られた権力しかもたず、一般人の生活に立ち入って、邪魔するようなことはあまりなかったのです。外国の侵入に何とか対抗するためだけの小さな軍隊しかもたず、道路も軍隊が通行するためのいくつかの道を敷く程度でした。心優しい王もいて、民衆の助けになることもしましたが、それはあくまで個人的な善意の範囲を越えるものではありませんでした。権力をもつ者が、一般民衆の日常生活を支配するようなことはやらなかったし、できなかった。

でも今ではどうでしょう。政治と生活を切り離すことはもはや不可能です。政府は市民一人ひとりの暮らしを支配しているではありませんか。人々はもう、何かを自分で決めることもできないのです。

ほんの少数の人間の頭脳のみを使い、残りの人々の能力をうち捨てておく。それでうまくいくわけがありません。最近、村人たちに、政府からあれこれ指令が来ます。「いい道路をつくれ、村を掃除しろ」、と。つまり、政府は彼らの頭ではなく、手足だけを使おうとしているわけです。村人たちがそんな仕事を喜んでするとでも思っているのでしょうか？　しかし、それをやらないと、政府は村人たちを怠け者と呼ぶのです。働く人のことを英語で〝ハンズ〟、つまり〝手〟と言います。彼らを監督する人は〝ヘッド〟、つまり〝頭《かしら》〟と呼ばれます。こうして、コミュニティは、手と頭とに分断されてしまいます。もし〝頭〟の人が、労働者の首をはねておいて、「さあ、働け」と言うとしたらどうでしょう？　手だって、頭脳があればこそ働けるのです。

私はこう確信しています。権力政治の仕組みの中に組み込まれている人が、中からその仕組み自体を変えよう、あるいは壊そうとしても、失敗する運命にある、と。現状の政治の仕組みを壊そうとするのであれば、その外に身を置くべきです。

もしあなたが木を切り倒したいと思ったら、その木の枝に登っても仕方ありませんよね。権力は与えられるものではなく、奪い取るものです。民衆の力は、彼らの権力を政府から奪い取ると決心したときに、やってくるのです。

私たちは庶民を愚かな人々だと思いがちです。でも、実は、とても賢いのです。インドの貧民たちのために仕えてきたのは聖者たちです。だから、もし誰かが自分のことを〝貧しい人たちへの奉仕者〟と呼ぶのを聞いたら、彼らはその人が本当の聖者かどうかを、試験しにくるでしょう。彼らの生活水準は低いですが、思考のレベルはとても高いのです。

力を分散するということ

インドのすべての村落は、ミニチュア版の〝国〟であるべきです。そして村の政府は国の政府と同じことを行うのです。例えば、国家が保健省や厚生省と呼ばれるものをもっているように、村政府にも同様に、保健省を置きます。同じく国がもっている産業、農業、教育、司法などの省を村にもちます。国は他国と外交を結びます。同様に、村も他の村との外交関係を練らなければなりません。

すべての村が政府をもつようになると、どんなことが起こるでしょう。まずそこでは公共の仕事に熟練する者たち、そしてさまざまな新しい経験や知恵を積む人たちが育つことでしょう。もし首都で問題が起きたときには、中央政府はいくつかの村に人を派遣し、そこで経験を積んだ者たちがどんなふうに問題にあたっているかを学ぶことができるのです。

現在、インドの村にはそういう人たちが全く存在しないということになっています。地域レベルでさえ政治に長けた人たちはいない、と。この分では国全体でも、ほんの二、三人程度でしょうか。こんな状況で、一体どうやって政府を運営していけるというのでしょうか？

だからこそ、今、首都デリーに集中している権力を、村々に分散しなければなりません。もし、創造主である神が、自分の知性を被創造物である人間に分かち与えずに、すべてを天国で独り占めにしていたら、世界はどうなっていたでしょうか？　知性が少しでも必要になるたびに、いちいち天国まで聞きにいく？　今の政府の大臣たちは、飛行機で飛び回ることには忙しそうで、ご苦労なことです。しかしそれも、知性を独占してしまった神様が飛び回らなければならない距離と、その忙しさに比べたら、なんでもありません。しかし、神の計画はもっとずっと素晴らしいものでした。すべての人に、理解する力である知性を分け与えたのです。知性とは、倉庫かどこかにしまっておくようなものではありません。わが国の大臣たちは、のんきに居眠りを楽しむ時間さえない。でも神はぐっすりとお眠りになる。そして神が今どこにいるかさえ誰も知らない！　さあ、私たちも真に自立した村政府をもちましょう。首相や大臣たちが首都デリーという大海の中で、神様のように安らかに眠っていられるように。

村人たちが村の暮らしを改善したいと思うなら、自ら〝褌をしめ直して〟働かなければなりません。土地をもたない者は、自分自身で働きかけて、村の土地を分け与えてもらうようにするのです。村の産業も興さなければなりません。デリーの政府が他国との間で、何を輸出し何を輸入するか考えるのと同様に、村でも何を外に売れるか、何を外から手に入れる必要があるかを、決める必要があります。今は欲しいものは何でも外から買えると思っています。しかし、本当は、何を買うにも村全体できちんと話し合って決めるべきなのです。例えば、村人たちが黒砂糖を必要としている。村ではすぐに自給できないなら、一年間に限って外から買うと決める。またその際、村人の誰かが勝手に外から買ってくるのではなく、村が共同で経営する店を通じて買うことにする。そして一年の間にサトウキビを栽培し、翌年からは自分の村で自給する体制をつくる。そしてその後は、あの共同経営の店では地元産の砂糖のみを置くことにする。こういうふうにすれば、村中が一つの心をもったかのように、まとまれるでしょう。もし村に五百人が住んでいれば、手は千本、足も千本、頭は五百個ですが、心は一つなのです。五百の頭が互いに相談しながら、物事を決めていくでしょう。

私をこう批判する人たちがいます。私が自給や自立ばかりを説いて、助け合いについては考えていない、と。他者に寄生するような生き方はいけませんが、しかし、相互依存の関係は必要です。私自身も相互依存を望んでいます。私は牛乳を飲みますが、乳しぼりはしません。誰かが私の必要なものを提供してくれて、その代わりに、私は自分にできることでお返しをします。

相互依存には二種類あります。弱さの相互依存と、強さの相互依存です。前者は例えば、目の見えない人と足の不自由な人の依存関係です。Ａさんは歩けるが見えない。もう一人のBさんは見えるが歩けない。そこで、Aさんの肩にBさんが乗る。Bさんが前を見ながら、見えないAさんを導き、Aさんが歩けないBさんを背負って歩くことができる、というわけです。

でも私は、社会全体がこういう依存関係であってほしいとは思いません。私が見たいと思う社会では、すべての人が自分の目と自分の足を使い、友人同士として手をとり合いながら、一緒に歩いていく。私が欲するのは、長所を生かし合う相互依存なのです。

政府の仕事は村にあれこれ命令を出すことではなく、村と村とをつないでいくことです。同じように、中央政府は州政府に対して何の権限をもたず、でも連絡は維持するというのが望ましいでしょう。村から国へとより高いレベルの政府になるほど、連絡役に徹して、権力を直接行使することは少なくなります。直接行使される真の権力は村にこそ属すべきものです。

中央政府の役割は助言を提供することです。しかし、それを受け入れるか、拒否するかは村の自由です。こうなれば、もし何人かの政府の役人が間違いを犯しても、少数の村が損害を受ける程度ですむでしょう。今のように、少人数に国の権力が集中していると、そこでの間違いは国全体を苦しめます。村でも、みんなが自分の家でパンをつくっていれば、何軒かで失敗しても、他の家々は大丈夫。でもみんなが食べるパンを焼くパン屋が失敗すると、みんなが困ります。これと同じように、現状では、政府の一つの失敗が、みんなを困らせるようなことがあるのです。選挙によって政府は交代するとしても、新しい政府は前の政府がやり始めたことを続ける責任があると思い、前を行った者の轍《わだち》にはまりがちです。今の政府が外国と貿易協定を結べば、次の政府もそれを守るのが常です。だからこそ権力を分散させて、大きなリスクをも分散させる、分権化が必要なのです。

実効性のある権限は村のコミュニティに属すべきです。そして州政府など、さらに上のレベルの権限は、二次的なものに留まる必要があります。国の政府はアドバイザー的な役割を担いながら、道路や鉄道建設の調整役、そして外交などを担当します。これを聞けば、国家権力を奪い返すという野心に燃える連中も、やる気を失うことでしょう。なぜなら、真の権力は、国でなく村にあるのですから。

民衆が力をつけていくためにも、政府の権限と機能を分散させることが役立ちます。それまで政府に集中していたさまざまな機能や活動は、もう、一つの場所に留まることなく、国中の村々へと散らばり、広がっていかなければなりません。政府権力とその機能の分散化を徹底しないと、軍の権力に服従させられかねません。将来にはもっと楽に軍隊をなくすことができるだろう、というのは幻想にすぎません。いつか軍隊をなくせばいいなどというのは、軍隊は必要だから、それに従う他ないというのと、何も変わりません。軍隊がなくなる日を夢みても、何の役にも立たないのです。

軍隊をなくしたいと本当に思うなら、分権化を進めるしかありません。国の政治を民衆自身が行うようになれば、こんな疑問を抱く人が出てくるでしょう。「権力者などというものがかつて本当にいたのだろうか」、と。

かつてインドの村々にあったパンチャーヤト（五人の年長者会議・五人委員会／panchayats）は、素晴らしい仕組みでした。パンチャーヤトとは村民の政府のようなもので、そこでは村の食料生産、教育、防衛をはじめとする、すべての重要事項が扱われていました。五つのカーストの代表が団結して、村民全員のために、村の運営に当たります。すべての土地はパンチャーヤトに所属しており、耕作する者にはその分が与えられました。同じように、洗濯屋、床屋など他の仕事をする者も土地を分与されます。このように、村が一つの家族のように暮らし、パンチャーヤトがその全体の運営に当たっていたわけです。これこそが本来の自治というものでしょう。

このインドの村々のパンチャーヤトは、世界のさまざまな政治形態の中でも特別なものと言えます。そこには原則があって、それは、五人のメンバーの心が一つになってはじめて、決定を下すことができる、というものです。それは言わば村の安全保障理事会のようなものです。

でも現在の世界はどうでしょう。多数決で物事を決めてしまっています。私の意見では、全員が賛成できないような提案は、そもそも決議に値しないのです。こうした昔の伝統をぜひ現代に復活させるべきです。なぜなら、真の民主主義とは、民衆相互の信頼と協力の上にのみ成り立つものですから。

こうした構造をこそ、私たちはつくるべきなのです。本質的には、それぞれの村が国です。そして、その〝村落国家〟が集まり、連合して、より大きな〝国〟を形成し、さらに、それらの〝地域国家〟が連合して〝世界国家〟を形成する。こうした構造の中で、各村落は全幅の自治権をもちます。こうすることによって初めて、私たちは形ばかりの、権威主義的な〝民主主義〟に代わる、真の民主主義を手に入れることができるのです。

インド政府は資本主義の強い影響下に置かれています。そこでは、中央集権的な生産と分配に代わるものはないと信じられています。この考えは、インド政府のような資本主義者ばかりでなく、共産主義者たちのものでもあります。生産も流通も分散と分権を目指す

私たちと違って、共産主義者は分権化には反対です。この点では、資本主義者と左派を自称する人たちとの間にほとんど差はなく、双方とも大規模な機械による集中的な大量生産を支持しているのです。この集中生産方式が資本主義の主要な特徴だとするなら、少なくともこの観点からは、共産主義も資本主義の一種と言えそうです。

資本主義を終わらせるのは、争いでも、愛情でもないでしょう。それはただ、「よい思想」によって終わりを迎えるのです。争いはまた次の争いを生むだけです。愛情は熱狂を生み出します。

よい思想だけが革命を起こし、実行することができます。だから私たちは贈りものをせがむのではなく、貧しい人々の当然の権利である分配を要求するのです。公正で公平な社会では、「すべての土地はみんなのもの」

この考えを人々が理解し、受け入れてくれることを私は願っています。この思想のもつ力ほど、目標に向かって進む私たちの頼りになるものはありません。それでも、争いが必要な状況に置かれるかもしれない。そのとき、私たちは非暴力で状況に立ち向かうことになります。対立や争いもまた、前へ進むために避けて通れない条件なのでしょう。しかし、革命を成し遂げる真の原動力は何かと言えば、よい思想を広めることなのです。

◈アショカ王（Asoka／在位：紀元前二六八年頃‐紀元前二三二年頃）
インド、マガダ国の王で、マウリヤ朝の第三代の王。紀元前三世紀頃、初めてインドを統一。現在のインド（南端は除く）、パキスタン、バングラディシュのほぼ全域を支配した。仏教に帰依し、法（ダルマ）に基づく統治を行った。

◈四頭の獅子の紋章（Lion Capital of Asoka）
紀元前二五〇年頃、アショカ王が仏教の聖地の一つであるサールナートに尖塔を建て、その先端部に、四頭の獅子が背中合わせに並ぶ彫刻を設置した。この意匠が一九五〇年に、インドの国章に採用された。

◈カーリダーサ（Kalidas／生没年不詳）
四、五世紀頃のインドの詩人・劇作家。サンスクリット文学の代表者。インド古典文学最高の詩人と称される。代表作に、戯曲『シャクンタラー』がある。

私は一人の人間にすぎない。
何の肩書もなく、どの組織にも属さず、政党にもかかわらない。
私に属すものは何もない。
すべてが私に属している。
私はみんなに属している。

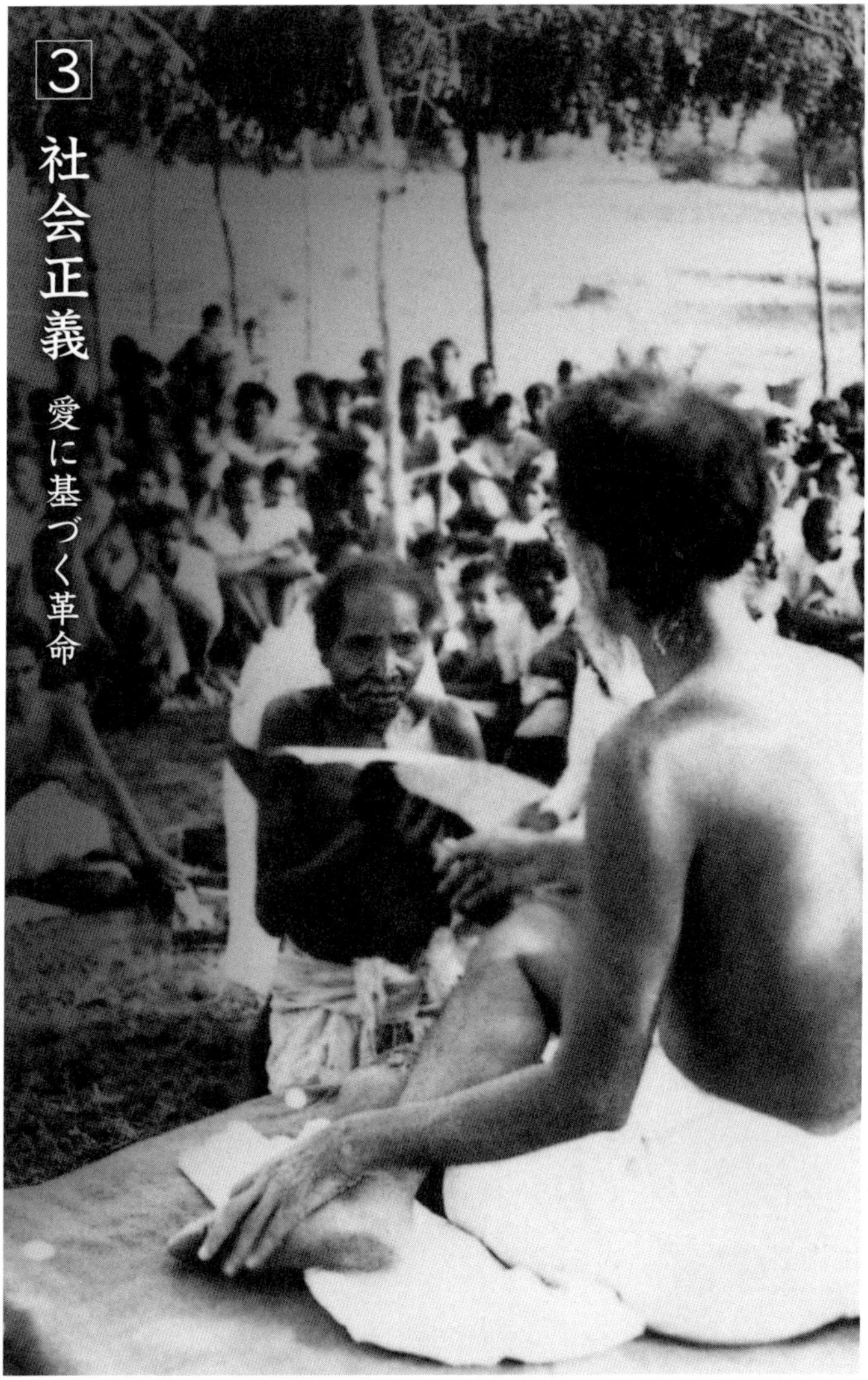
3
社会正義
愛に基づく革命

ランド・ギフト（土地寄進）運動

地主から土地を寄贈してもらう、そしてその土地を貧しい人々に再分配する――それは社会のための無私の行動です。貧民のためだけでなく、金持ちも含め、すべての人々を助けることとなのです。この活動が社会全体にとってよきことである、と私は確信しています。

物乞いとしての私は、地主から、よそに比べて小さい土地しか寄付してもらえなかったとしても、「たったこれだけ」、とは感じません。それどころか、寄贈していただいた土地は、その多少にかかわらず、尊い慈愛の表われであると私には感じられるのです。結局のところ、神がその幾千もの手で恵み、与えてくださるのに対して、それを受けとめるはずの私たちの手はなんと貧弱なのでしょう。私の今の仕事は、人々がある心の状態に至る日のために、準備することなのです。

この活動をいつまで続けるのか、とよく訊かれますが、それは分かりません。私は高齢ですし、身体の疲労や消耗を感じるのも事実です。私はもともと森に住むようにできている人間で、文明生活にはなじめません。偉い人に会うのも大の苦手です。それなのに、今ではためらいもなく、誰の家にでもずかずか入っていきます。奇跡が起きたとしか思えません。

ある場所に一日中滞在したときのこと、聴衆の前で講演し、祈祷をして、わずか四エーカーほどの土地を寄付してもらいました。その後自分の宿に戻り、『ウパニシャッド』の勉強を始めました。十分もしないうちに一人の村人が訪ねてきました。彼は祈祷にも参加せず、私のスピーチも聞いていません。彼はただ「土地を寄贈しに来た」、と言う。そこまで六マイルの距離を歩いてきたというのです。彼は六エーカーの所有地のうち、一エーカーを寄付してくれました。その人が出ていったかと思うと、すぐにまた別の村人が訪ねてきた。彼はさらに遠いところから来たそうで、何と五十二エーカーの土地をくれました。私が一日働き、講演までして得たのはほんの四エーカーだった。でも、その後何の努力もなしに大きな土地を得たわけです。人々の心を動かしたのは、何だったのでしょう？　私のスピーチを聞くことに意味があるのでしょうか？　いや、家でふと心に浮かんだ考えだけに従って、二人の村人はやって来たのです。でも、今はまだ、誰もがそのように自発的に動ける状況には至っていない。だから、私はもうしばらく講演をして、貧しい人のための土地を乞い続けていこうと思うのです。

私自身の胃袋は小さいけれど、貧しい人たちの胃袋はとても大きいのです。だから私の最終目標は、と訊かれたら、一応、「五千万エーカー」と答えることにしています。訪ねた地主の家に五人の息子がいたら、「私を六番目の息子と思ってほしい」、もし四人いたら、「五番目にしてほしい」、と言います。こうすれば、相続者一人分の農地、つまり全国の五分の一か、六分の一ほどの土地が手に入るわけです。

これは、過去に例のない、強力な革命ではないでしょうか。それが私の目の前で起こりつつあるのです。多くの人がロシア革命について語ります。それとはまた違う種類の革命としての、アメリカ独立について…。しかし私から見ると、この二つの国で起きた革命は、ここインドならではの伝統や文化とは相容れないものです。インドは独自の文化的理想に沿った発展を遂げながら、他とは異なる新しい革命を達成することができると私は信じています。それは愛のみに基づく革命です。もし人々が寛大な心を発揮して、決然と、自由意志によって、自分の所有地を寄贈し始めれば、やがて、世の中の空気が突然一変する。そうなればインドは、〈自由・愛・幸せ〉を特徴とする、新しい時代への道筋を世界に向けて指し示すことができるかもしれません。だから私は、共産主義、社会主義、保守主義などの主義主張にかかわりなく、すべての人々に、問題の本質を見つめ、〝ランド・ギフト運動〟の意味を十分に考え、その価値を理解してほしいのです。

私たちの周りに起こっている堕落は、現代の経済に巣くう悪に起因しています。この悪

の潮流によって人々は押し流され、堕落してしまう。でも、もしこの経済の仕組みそのものを変えることができれば、インドは世界に例のない、新しい革命のモデルとなるでしょう。私は信じています。搾取のない新しい社会が現れる日に、今は曇りがちなインド人民の知的でスピリチュアルな才能が輝きを取り戻すに違いない、と。私は貧乏人にも金持ちにも幸せを願う友人でありたい。その私は、金持ちが貧乏人を自分の家族の一員と見なせるようになったときにのみ、自らの幸せを感じることができるのです。

現代社会の不平等、対立、闘争などに基づく社会構造が、平等と助け合いに基づくものへと転換しない限り、人類に救いはありません。土地を持つ者と持たない者が混在している社会に、真の平和は訪れません。土地所有者は法的な書類をかざして自分の権利を主張する。でも、それが何の役に立つでしょう。ただ、人の心を引き裂き、社会を分断するだけです。だからそんな書類は破って、焚火にくべてしまいましょう。

そもそも土地は誰のものでもなく、すべて神のもの。この根本原理に立ち返るべきです。土地が個人ではなく社会全体に帰属することになれば、現代の不満や対立は解消し、愛と協働の時代がやってくるでしょう。私に与えられた使命は、この革命の邪魔をしないこと。私の願い、それは暴力革命を未然に防ぎ、非暴力革命を成し遂げることです。この国の未来の平和と繁栄は、土地問題を非暴力的に解決できるかどうかにかかっています。もし地主が土地を手離そうとせず、農地改革のためのよい空気が生み出されなければ、残るは流血革命です。この事態をなんとか避け、平和的な手段による改革を成功させなければならない。それができると私は確信しています。土地は、空気、陽光、水と同様に、神からの贈りもの。ならば、私が貧者たちのために求めるのは正義以外の何ものでもありません。

私が目指すのは三段階の革命です。第一に、人々の心に変化が生まれる。第二に、生活の中に変化が生まれる。そして第三に、社会構造そのものが変化する。どの段階でも、外からの圧力や強制は何の助けにもなりません。そうした力が使われるところに、私は不必要です。私の弱々しい手など役に立ちませんから。無力ながら私は民衆の下僕として、ただ人々に善意を送るだけです。

私は人々を信じているのです。自分の所有する土地を手放す者などいない、とみんな言う。でも私はあきらめずに、家々を回り土地を手放すよう頼んで歩く。どこにでも行きます。金持ちの豪邸から、貧乏人のあばら家まで、どこにでも。

私は貧しい者の代弁者として、彼らの窮状を訴えます。私は彼らと共に住み、彼らのように暮らしてきました。その一方で、広大な土地を所有する地主の代理人でもありたいと思っています。もし彼らがその土地を手放すだけの寛大な心をもっているなら、喜んでその代理人となるつもりです。土地を所有する者が自らは耕さず、土地を耕す者が自らは所有しない、という現実は全く理屈に合いません。耕せない者が他人に耕させ、耕せる者は小作として他人のために耕すしかないのです。その小作は、収穫する作物に何の権利もないので、労働にも心がこもらない。その上、十分な食べものにも事欠くありさま。こんな状況を容認できますか？　このでたらめな仕組みを止めさせることが不正ですか？

私が土地所有者に対して、彼を心から敬愛する友人として、百エーカーの土地のうち半分の五十エーカーを寄付するように頼む。それは彼への敵対でしょうか？　いや、それこそ本当の意味における愛というものではないのでしょうか？　それでももし、彼がこれまでの自分の考えに固執しようとするなら、私は説得するでしょう。太り過ぎの友に減量を勧めたり、痩せ過ぎの友に太ることを勧めるのは、善意と友情からであり、友人として当然のことだと、私は言うでしょう。肥満を解消するためには、不健全な生活のあり方そのものを改善しなければならないと。

皆さんにぜひ、神のプランについて考えていただきたいのです。持てる者と持たざる者がいる世界を、神が意図されたと思いますか？　今、あなたは土地の所有者であっても、

過去他人から獲得した土地は、元の持ち主に返すべきではないか。私は単純に数字の上の平等を求めているわけではなく、例えば、手の五本の指のような公正さを求めているのです。

五本の指は同じサイズではありませんが、互いにその個性をもち寄り、助け合って、一緒に無数の仕事を成し遂げます。それぞれがみな違うという意味では〝不平等〟ですが、それは釣り合いのとれた差だといえる。例えば、大きい指が小さい指の十倍といった極端な差ではありません。

ここから学ぶべきことは何か。完璧な平等はありえないとしても、度外れの不平等にならないようにする必要がある。つまり、公正であることはやはり大切なのです。五本の指がそれぞれ違った特徴をもっているのと同様、個々の人間は違った能力をもっている。そのそれぞれの能力を伸ばすことが大事なのです。

大地から生まれたすべての子どもに、母なる大地の恵みを受ける権利がある、と私は主張します。でも、それは私独自の考えではなく、聖典『ヴェーダ』がそう教えているのです。兄弟同士で、一人が母親に奉仕するのをもう一人が邪魔してはいけない、とあります。そこで私は、必要とする者は誰でも土地を手に入れるべきであり、地主は自分の所有地を分け与える義務があると言うのです。

飲み水を得る権利は否定されるべきですか？　それを否定する人がいたら、みんなが呆れるに違いありません。土地も同じです。それを分け与えることを拒むのは、恥ずべきことです。食べものを分けてもらいたい人は、そのために働くべきだ、という気持ちは理解できます。でも、もし人が働くために必要な手段を分けてほしいと言ってきたら、それに応じるべきでしょう。政府も同じこと。土地を持たざる人々に、一家族当たり五エーカーほどの土地を一律に提供するのは政府の義務なのです。

私は貧乏人にも金持ちにも恥をかかせたくありません。だから、もし広大な土地を持つ地主が二、三エーカーを寄付したいと言ってきたら断ります。貧民たちに恥をかかせたくないから。しかし私の経験から言えることは、きちんと話して納得してくれれば、所有地の大きさに見合う十分な土地を寄付してくれるものなのです。こんなことがありました。三百エーカーの所有者が訪ねてきて、一エーカーの寄付を申し出てきましたが、私は断りました。そして私の考えを説明したところ、その地主はためらいもなく寄付を三十エーカーに増やしてくれた。彼が思い直すのに、二分もかかりませんでした。

もし私が寺院建立のための土地寄進をお願いしていたのなら、彼からの一エーカーの寄付を喜んで受けたでしょう。でも私は貧しい人の権利のために土地の割譲を要請したのです。施しを乞うたのではありません。もし耕すための土地の代わりに食べものを差し出したら、私は貧民に恥をかかせることになります。でも、喉の渇いた人が求めた水を受け取っても恥をかかないのと同様、土地を必要とする人が土地を受け取っても、恥をかくことはない。いやそれどころか、受け取ってくれてありがとう、と感謝されるでしょう。土地の寄付は食べものの施しと違って、食べものを収穫するまでには大変な労働が必要だということです。だから、土地を与えられた人たちには、劣等感を抱く理由は何もないのです。

私は人民の中に非暴力革命の精神を育んでいます。そしてそのために土地を求める心を養おうとしているのです。現在、財産の私的所有が世界中の基本原理となり、それなしには社会が成り立たないかのようです。さらに、「所有権」の周りに大がかりな法的な仕組みをつくり、もっともらしい体裁を整えてしまったせいで、その本性が見えにくくなっている。

泥棒は犯罪だ、と誰もが思う。でもその一方で、巨額の富を独り占めするような反社会的行為がもてはやされるのに、みんな見て見ぬふりをしています。知ってのとおり、けちが泥棒を生むのです。泥棒は牢屋にほうり込む。でもその泥棒をつくり出す連中には、大手を振って歩き回らせる。それどころか、彼らに社会的な名誉や地位まで与えて、特別待遇しているではありませんか！

非暴力の追求こそは
私の人生の使命である。
これまで私が手がけてきた
活動のすべては、
そのためにこそある。

五十五歳のとき、私は歩く旅を始めた。
その齢で、子どもになったかのようだった。
以来、私は老人でも青年でもなく、
ただ子どものように無邪気に歩いた。

私の巡礼の最初の年は、最高だった。

私はひとりで歩き、十万エーカーの土地を贈りものとして受け取った。

心配ごとは何もなく、ただ気ままに歩いた。

ふとタゴールが作詞した歌の一節を思い出した。

「ひとり歩く　ああ、なんて運が悪いんだ　ひとりで歩く！」

これを自分に合わせて、ちょっと手直しして歌った。

「ひとり歩く。ああ、なんて運がいいんだ。ひとりで歩く！」

ビノーバはいつも新しい考えをもち出すが、
それはどこからやってくるのか、と訊かれる。
それは空からやってくるのだ、と私は答える。
言葉は空に属している。
だから、その空の下をぶらぶらと歩けば、新しい言葉が心に浮かぶ。

歩くことで、ものを見る目が育つ。
歩くほど、人生は長くなる。
誰かが教えてくれた通り、歩く人ほど速い旅人はない。

民衆のために働こうと思うなら、歩いて旅するしかない。
他に道はない。
足で旅する私を人々は信頼し、心の内を明かしてくれる。
私のことを彼らの一人だと感じてくれる。

4 ワンネス

スピリチュアリティと行動の哲学

「真の自己」の実現

「自然のままの自分」、「真の自己」という意味をもつ「スワダルマ（svadharma）」を理解することは、人生の最重要事です。自然で自分らしい状態でいるときの自分だけが、充実した自分なのです。

スワダルマを手に入れようとして手に入れられないのは、それが高貴だから。逆に捨てようとして捨てられないのは、それが卑しいものだから。それは、大き過ぎもせず、小さ過ぎることもない。熟年期、初老期、誰にでもピッタリです。

人はみな、自分固有の「ダルマ（法／dharma）」をもっています。二百人の共同体があれば、二百の異なるダルマがあります。私の今のダルマは十年前のそれとは違い、十年後のそれともまた違います。経験がダルマを変化させるのです。

他人のダルマの方がよく見えることがありますが、自分がそれをとり込むことはできません。熱や光に満ちた太陽は、冷たく暗い地球より魅力的に見えるかもしれません。でも人は太陽の熱さに耐えられるようにはできていないので、そこに住むことはできない。私が魚にこう言ったらどうでしょう。

「水よりミルクの方が高級だ。さあ、このミルクで泳ぎなさい」

魚は死んでしまいますよね。

他人のダルマの方が容易に見えることもありますが、自分がそれを譲り受けることはできません。家庭をもつ男が世を捨て、子どもたちも捨てて、スワダルマ（真の自分）から逃げようとする。そうしてその男は自分を偽ってしまうのです。彼は生きることの重荷から逃れるために、森に入る。禁欲も苦行も自分自身のダルマではないので、彼はまず小屋を建てるでしょう。次に小屋を守るための囲いをつくる。彼は家庭生活の重圧から逃れたはずなのに、実はまた新しい重荷をつくり出しているのです。

執着から自由な、超然たる心をもつ人にとって、世俗を離れることは難しいことではありません。それは天職です。高い低い、たやすい難しいなどの違いはあったにせよ、内面の成長は手にとるように現実的で、充実感は本物です。

スワダルマは自然に備わっているもの。どこかに見つけにいく必要はありません。私は空から降ってきたのではなく、存在の流れの中に生まれ出たのです。社会、両親、そして隣人たちは、みな私の生まれる前から存在していました。生を授けてくれた両親、私を人間としてここまで育ててくれた社会に対して奉仕することは、生まれながらの使命なのです。自分の母親を選べないように、スワダルマもすでに決まっているもの。どんな人であろうと母親は母親。同様に、自分のスワダルマを否定することは自分自身の否定であり、自殺です。それと調和することによってのみ、人は前に進むことができる。だから、決してスワダルマを見失ってはなりません。

本来スワダルマは容易に、自然に、自分の身につくはずのもの。でも、幻想のせいで、なかなかそうならないのです。幻想に共通しているのは、自分の身体こそが自分だという、浅はかな思い込みです。〝私〟という考え、そして身体を通じてその〝私〟とつながっている物事への執着が、自己を狭めてしまうのです。〝私〟という城の外にいる人間は、よそ者か敵のどちらかです。身体と自分を同一視した途端、その周りにさまざまな小さな壁をつくり始めることになります。ほとんどすべての人がそうです。その内側に広い狭いの差こそあれ、自分を壁で囲うことに変わりはありません。その囲いは、皮膚ほどにも薄っぺら。囲いの中は、家族であったり、国家であったり。それは中産階級を労働者から隔て、キリスト教徒とヒンドゥー教徒とを分かちます。そんな風に、たくさんの壁が建てられた。どちらを向いても、見えるのは壁ばかり。

スワダルマ、つまり、「真の自己」を実現すると、決意するだけでは十分ではありません。他に二つのことを理解する必要があります。一つは、「私とは単に、いずれ朽ちゆくこの身体ではなく、この身体は殻にすぎない」、ということ。もう一つは、「私とは不朽不死で、万物に行き渡る魂である」、ということです。身体の一時性と魂の不滅性を自覚できれば、スワダルマはもう難しいものではなく、逆に、〝スワダルマでないこと〟、こそが難しくなります。

ごらんなさい！　自分の身体は子どもから青年へ、そしてしまいに老人のそれへと、常に変化し続けます。七年ごとに身体は更新され、古い血液は一滴も残りません。常に変化する身体は、刻々死んでいるとも言えます。二十四時間、排泄機能は休むことなく働きますが、身体が完全にきれいに浄化されることはありません。その身体はあなたでしょうか？　汚れている身体を洗うのはあなた、病んでいる身体を薬で治すのもあなたです。身体とはわずかな空間を満たすだけのもの。一方、あなたが生きているのは、その身体に加えて、心と魂という三つの世界です。身体は常に変化し続け、あなたはそれを観察します。身体は常に死と隣り合わせ。あなたはただそれを受け入れるしかありません。あなたと身体とが同じものではないことはこれほど明白なのに、なぜ身体にかかわるものだけが、あなた自身であると言うのですか？　そしてなぜ、身体の死をそんなに悲しむのでしょう

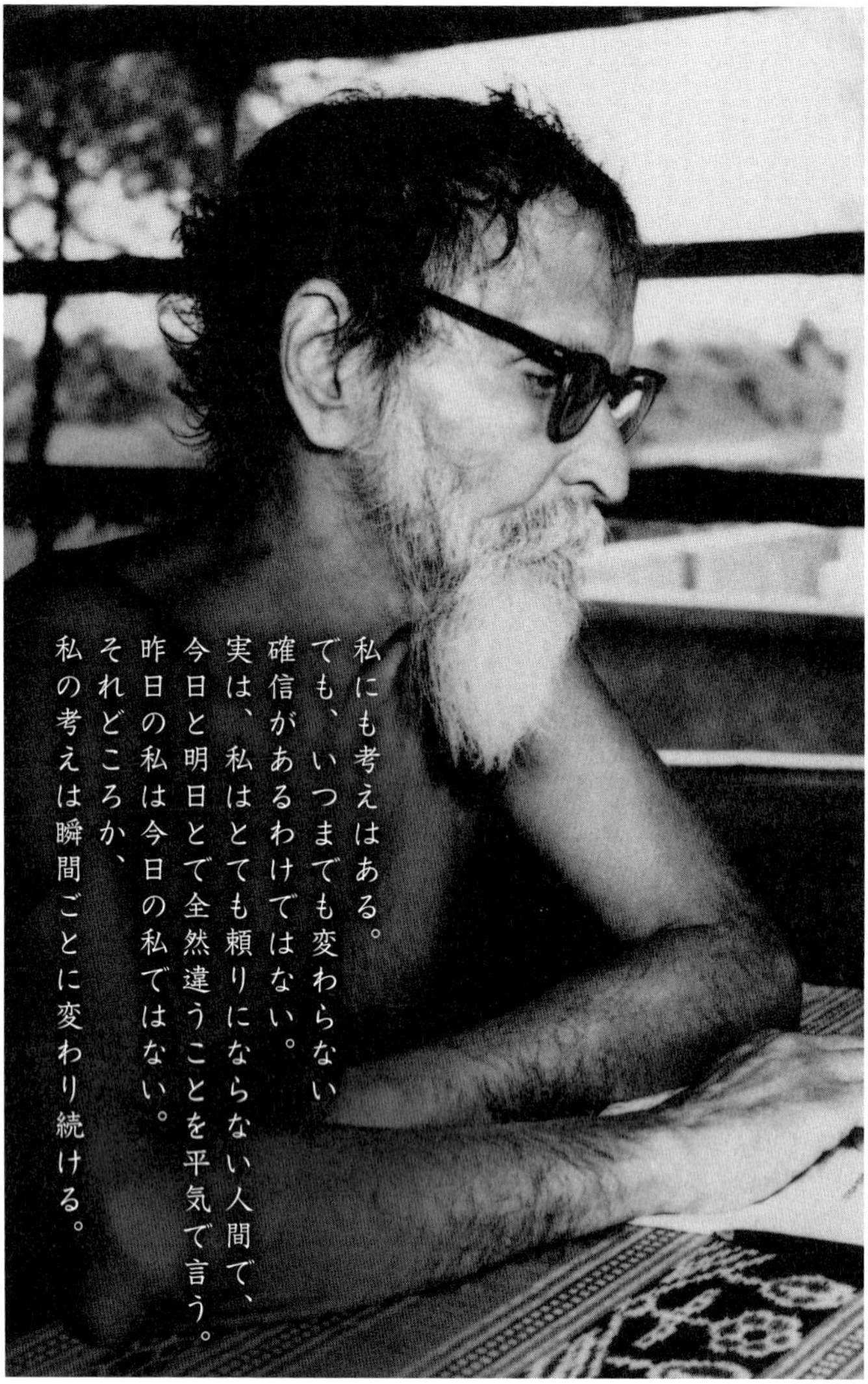
私にも考えはある。
でも、いつまでも変わらない
確信があるわけではない。
実は、私はとても頼りにならない人間で、
今日と明日とで全然違うことを平気で言う。
昨日の私は今日の私ではない。
それどころか、
私の考えは瞬間ごとに変わり続ける。

か？

私たちは「死」という言葉を嫌います。それを口にするだけで不吉だと。誰かが死ぬ。すると、何と多くの涙！　何という悲嘆！　死を間近にした病人にさえ、その事実を伝えません。医者は家族に伝えても、家族は本人には言いません。そして、もう喋ることもできない病人をつかまえて、身体に息が続く限り、薬を注ぎ込むのです。もしその代わりに、病人に真実を伝え、励まして、その心を神の方へと向けてあげるとしたらどうでしょう。それ以上の助けがあるでしょうか！　割れやすい壺を割ってしまうことを怖れる人がいます。寿命が来る前に割れてしまうのではないか、と。もし二時間後に寿命を迎える壺を、今、割ってしまったとして、そこにどれほどの違いがあるのでしょうか？　私は決して、冷淡であれ、非情であれと言っているのではありません。ただ、身体への執着は愛情ではない、と言うのです。それどころか、身体への執着を超えないかぎり、真の愛情は生まれません。

私たちは忘れてしまっているのです。人はスワダルマを実現するために生きているということを。そして、そのためにこそ身体を育て、大切にしなければならないのだ、ということを。身体を大事にするとは、ただ味覚を楽しむことではない。舌を刺激するためではなく、身体を養うために食べるのです。身体は、魂に根を張る一種の器械です。もし私たちがそのことを忘れ、身体に溺れると、魂の成長を妨げ、もともとそれ自体にはさほど価値のない身体は、一層無意味になるでしょう。自分の身体への執着、そして自分に近い人々への執着は、それがもし他の人々への無関心を意味するとすれば、誤りです。魂と魂が、そして自己と自己とが集い、交流できるように、あなたは努力していますか？　魂の"鳥"を、かごから解き放って、自由に飛び回らせていますか？　自分の殻から飛び出して、全世界は自分のもので、同時に、自分は世界のものだ、と感じる。そんな自分を想像したことはありますか？

真の自己は、世界に羽ばたく日を待ちわびています。万物とつながりたがっています。なのに、我々はそれを殻に閉じ込めているのです。自分で自分を檻にいれているようなもの。でもそれに気がつきもしないで。朝から晩まで、私たちは自分の身体のことばかり気にしています。どれくらい太ったとか、痩せたとか。まるでそれ以外には楽しみがないかのように。

感覚的な快楽なら、獣たちにもあるでしょう。"与える"ことがもたらす歓びを感じてみませんか？　自分がひもじい思いをしているときに、あえて自分の皿の上の食べものを、他の飢えた人にそっくりあげてしまう。その歓びといったら！　食べものの代わりに、この体験から生まれる歓びを味わうのです。

子どものために一生懸命働く母親は、この歓びの味を知っているのではないでしょうか。男たちはどうだろう。何かの周りに円を描いて、それを「自分のもの」と呼べば、確かにしばらくの間は幸せな気分を味わうことができる。でも、その〝幸せ〟とは何でしょう？　それはせいぜい囚人が、刑務所の房から中庭に出てくる程度のことです。魂にとってそれでは不十分です。魂が求めるのは、壁のない無限の自由と、その歓びです。

行動の哲学

人の行動の裏には、普通、二種類の態度があります。

一つは、「この行為の結果を得られる」、という自信に満ちた気分です。自分には結果を手にする権利がある。それは言い換えれば、「結果を手にできないくらいなら、行動しない」、ということです。

もう一つの態度はこうです。

「行為はその結果にかかわらず、それ自体で完結している」

つまり、結果を求めないという態度です。

行動する人には、その結果である果実を得る権利があるでしょう。しかし、この権利さえ放棄することで、その行動は真に創造的になるのです。言い換えると、仕事をするが、成果を放棄する。あるいは、成果を求めることなく仕事をする、ということです。行動の前でも後でも、成果へのこだわりを捨てて、すべての活力と技をもって動くのです。欲をもたない人の行動は、欲をもっている人の行動より、ずっとよい行動になります。後者は成果に心が奪われていて、時間やエネルギーの一部をその成果について考えたり、夢見たりすることに費やします。逆に成果を求めない人は、時間とエネルギーのすべてを行動に注ぎます。川は休みなく流れ、吹く風は疲れを知らず、太陽は永遠に輝き続けます。同じように、無私無欲の行為者は絶え間ない奉仕者となるのです。行為自体が歓びである人の行為に勝る行為はありません。彼にとって、行動とその結果は別々のものではないのです。

欲のある人は自分の行動を利己的に見るので、「これは自分の行動だから、その成果も自分のもの」、と考えます。だから、行為の最中に少し注意が逸れても、それが心から来る過ちだとは気がつきません。せいぜい、ちょっと手が滑った、と思うくらいでしょう。

一方、成果を欲することなく行動する人は、充足感を覚えます。また、深い集中力で仕事に専心できるので、間違いを犯しにくいのです。成果を投げ出すことこそ、よい行動への近道。そして、これこそが「ヨガ」――アート・オブ・リビング（生きるアート）――です。

そもそも、行為自体の中には、その行為の成果では得ることのできない歓びというものがあります。行為のための行為に徹すると、そこに没頭していること自体に歓びが湧くものです。芸術家に、「絵を描かないでくれ、お金をあげるから」、と言っても、画家は同意しないですよね。行為の過程そのものに純粋な歓びがある。そしてそれこそが行為の果実なのです。これに比べて、物質的な成果は、二次的なものにすぎません。

この二次的成果から心を解き放つことによってのみ、行動そのものに専心することが可能になります。結果から解放された働き手が、「今・ここ」に集中する。それ自体が「ワンネス（一つであること／oneness）」の体験です。その人の歓びは、他の者たちが感じる他の種類の歓びとは比べものにならないほど深い。無欲の行動そのものが、大いなる報酬なのです。樹木は果実を実らせます。あなたはその果実に次の果実を生ませようとしますか？　私たちの身体が、木のように無欲な行動を通じてある果実を実らせたとき、それに満足せずに、もっと果実を求めるでしょうか？　行動そのものが果実なのです。それを食べ、飲み、そして消化しましょう。子どもは遊びの楽しさのために遊びます。学びとか健康とかの利益は、向こうから勝手にやって来ます。でもその子は利益のことなんか考えない。遊びそのものが歓びなのです。行動するときに、行動から自由になることを望んではいけません。欲望からの自由こそが、真の解放なのです。

無欲の行動、それが「カルマ・ヨガ（karma-yoga）」です。カルマ・ヨガでも成果を放棄しますが、やはり、成果は向こうからやって来るのでしょうか？

『バガヴァッド・ギーター』の第三章にこうあります。「カルマ・ヨガを実践するヨギはその行動の成果を放棄するが、それを失うのではなく、逆に、無限の果実を得る」、と。凡人は自分が得た成果の周りに囲いを張り巡らすものです。でも、それによって、本来なら手にするはずだった無限の果実を失っているわけです。俗人は、多大な労苦の末にわずかな報酬を得ますが、逆にカルマ・ヨギはほとんど何もせず、計り知れない利益を受け取るのです。

この違いを生むのは、ただただ心の内の態度です。トルストイはこう言っています。「イエス・キリストの犠牲についてはみんなよく喋る。でも、普通の人々がどれだけ毎日の暮らしの中で身をすり減らし、心を干上がらせているか、誰も知らない。彼らは背中に二頭のロバを背負って跳び回っているようなものだ。その労苦の大きさとその窮状は、イエス・キリストよりもさらにずっと深刻だとは言えないか?」

〝普通の人々〟は懸命に働きます。しかし問題は、目指す目標が低いことです。「自分で撒いた種は自分で刈り取る」、という諺は、欲望と成果についても言えます。世の中の人は、売り手が付けた値段より高い値で買ってはくれません。しかし、いかに単純な言葉であっても、それが「マントラ(真言/mantra)」として使われれば、その価値や力は増します。紙幣とはそもそも何でしょう? それを一枚燃やしても、せいぜい一滴の水を温められる程度でしょう。紙自体ではなく、そこに刻印されているものに価値があるのです。

そこにカルマ・ヨガの美しさがあります。行動は紙幣と似ています。行動の価値は、そこに〝刻印〟された、内なる感情にあります。私たちは彫像を崇めますが、「彫像を崇める」ということ自体に、大いなる美しさが存在します。その像は、初めはただの石の塊でした。そこに私が命を吹き込み、感情で像を満たします。その感情を誰が破壊できるでしょう? 石は打ち砕くことができる。でも感情は生き続ける。もしその感情が像から離れてしまったら、そこに残るのはただの石。誰でも粉々にしてしまうことができるのです。

行動は一個の石や一枚の紙のようなものです。私の母親が、三、四行書きつけた紙片を送ってきました。一方、ある男性が五十ページにも及ぶ、とりとめのない手紙を私に送ってきました。さてどちらが重要でしょう？　母親からの数行の価値は測ることができません。それは私にとって神聖なもの。もう一つの手紙と比べようもありません。行動は愛によって潤い、感情によって満たされるのです。

古代インドの『マヌ法典』（◈206頁）にこんな話が載っています。ある生徒が十二年間、師《グル》の家に住んでいた。住み始めたときは獣のようだったが、最後は賢人となった。さて、彼はどれくらいのお金を師《グル》に支払うべきか？　礼金は前もって払うものではありません。十二年に及ぶ修行の後、彼は師《グル》にしかるべきお礼をしたといいます。師《グル》への礼について、『マヌ法典』にはこう書かれています。

「師《グル》には一、二枚の木の葉と花を与えよ。また一つの団扇か、一足のサンダル、あるいはバケツでもよい」

これは冗談ではありません。どんなもので支払われたとしても、それはシンボルでしかない、という了解がここにはあるのです。花一輪にどれだけの価値があるのでしょうか？　でも、ある人の目から見れば万物にも値するのです。

二人の男がガンジス河に水浴に行きました。一人が言います。

「みんながよく話している偉大なガンジスとは何だろう？　水素二個と酸素一個が合わさってできているだけだろう。他に何があるっていうんだい？」

もう一人が言います。

「ガンジスは女神ヴィシュヌ（Lord Vishnu）の聖なる蓮の足から流れ来るもの。シヴァ神のもつれた髪の毛の中に住むこの女神のもとで、王族も含む何千もの修行者たちが苦行を積んだ。数え切れないほどの聖なる儀礼が彼女の側で営まれた。だからガンジスは聖なる河、私にとっての母なんだ」

高まる感情で満たされながら、その男は水浴します。ガンジスを水素と酸素の結合と見なす男も河に入ります。身体から汚れを落とすという点では二人とも同じです。でも違うのは、ガンジス河の聖性を信じる男が精神的な浄化も経験した、ということです。水牛でもガンジス河で身体をきれいにすることができます。身体についた汚れは落ちますが、心の汚れはどうやって落とせばいいのでしょう？　一人はただ身体の汚れを落としただけ。もう一人はそれに加えて、心の浄化というこの上なく貴重な成果を得たのです。

行動は同じでも、内面的な態度の違いで大きな差が生じます。スピリチュアルなものを求める人の行動は魂の成長を伴い、そうでない俗人の行動は、逆に、魂を縛ってしまいます。カルマ・ヨガを行うヨギが農夫であったとすれば、彼は土そのものをスワダルマ（真の自己）と見なしながら、その上で働くことでしょう。畑仕事によって彼のお腹は満たされるでしょうが、彼はそのために働くわけではありません。食べものは、彼にとって、畑仕事にふさわしい身体を維持するための手段です。スワダルマこそが目的で、食べものは手段なのです。しかしカルマ・ヨギではない農夫は、空腹を満たすことが目的となり、スワダルマであるはずの農業はただの手段となってしまいます。二つの態度はちょうど逆さまなのです。

行動には、心の本性が見事に表現されてしまいます。湖の表面は澄んでいても、石を投げ入れると泥が浮き上がってきますね。静かに澄んだ湖でも、その底には膝の高さの泥が積もっているのです。でもそれを私たちが見るのは、外の者がやってきて、それに触れるときだけ。私たちはよく、「怒りがこみ上げてくる」、という言い方をします。この怒りは外からやって来たのでしょうか？　いや、そうではなく、自分の内のどこかにあったのに、普段は姿を現さなかっただけです。

白い服より、色のついた服の方が汚れが目立たないから好きだと言う人がよくいます。でも目立たなくても汚れているのです。行動は白い服に似ています。行動には怒りや利己

心などのさまざまな内面の様子が出てくる。つまり、行動は自分の本当の姿を映し出す鏡なのです。汚くて醜い顔を映し出すからといって、あなたは鏡を割りますか？　いや、逆に、その鏡に感謝して、自分の顔の汚れを落とすべきでしょう。同じように、もし自分の行動に、欠点や心の弱さが現れていたらどうでしょう？　行動を止めてしまいたいと思いますか？　止めてしまったら、その欠点や心の弱さがなくなってくれますか？

ある男が、洞窟に入り、ヨギとなってそこに座ったまま、人間界との接触を断ったとしましょう。彼はそれによって完全なる心の平和を得たと考えます。食べものを乞いに洞穴から出るのは仕方がありません。村では、いたずら盛りの小さな子が、おもちゃにしたドアの取手をガチャガチャ鳴らして遊んでいました。その子はその音に夢中になって我を忘れているのですが、ヨギはその音に我慢ができません。洞穴に住んでいる間に、彼の心は強さを失い、わずかな刺激にも耐えられなくなっていたのでしょう。心の平和は、おもちゃがたてる音で、あえなく壊れてしまったのです。

自分の短所が見えてくれれば、それを取り除くことができます。でも、もし見えないままだと、人間としての向上が難しくなって、しまいに成長が止まってしまいます。まずは行動し、自分の短所を見つけること。そして次にその自分への執着を捨てる方法を学ぶことです。

無欲は心の状態です。無欲の状態をつくるには、スワダルマ（真の自己）の探求だけでは十分ではなく、他にも必要なことがあります。ランプに火を灯すには、油と芯だけでは足りませんね。もう一つ、火を灯すには、火が必要なのです。ランプに火が灯れば、闇は消え去ります。さて、私というランプはどのように灯すのでしょうか？　そのためには、自己省察を通じた心の浄化が必要なのです。

心が山の泉の水のように清く平和にならない限り、無欲の境地を得ることはできません。身体と心は区別されているので、それぞれに別々の成長の道筋があります。しかし、この二つが調和したときに、真に望ましい状態に手が届くようになるのです。身体と心が違う方向へ行ってしまわないようにしてくれるのが、行動における禁欲と、心における瞑想です。心が瞑想できないときに、いくら、断食など、行動上の禁欲をやっても無駄です。苦行を行っているときでさえ、内なる炎は常に燃えていなければなりません。もし、食という感覚的な快楽を断ち切っておいて、同時に内なる炎さえ消えてしまうなら、単なる物理的行為としての断食などに、何の価値があるでしょうか？　神について想う代わりに、飲み食いのことばかり考えながら断食をするとしたら、その断食（ファスト）は宴会（フィースト）より危険です！　こうした想像上の貪りや想像上の快楽ほど、有害なことはありません。行動は瞑想を伴っていなければなりません。瞑想のない行動も、行動のない瞑想も無価値です。

外に表れる行動が心の内なる愛情により潤っていなければ、スワダルマは砂漠のように不毛です。無欲の境地がもたらすはずの花を咲かせることも、果実を実らせることもできません。

病人を義務感だけで看病しているとしましょう。そこに共感が伴っていなければ、それはただうんざりするばかりの仕事でしょうし、病人にとっても救いどころか、ただの重荷となってしまいます。それだけではありません。心が伴わない行為には、エゴイズムが頭をもたげます。そしてこんな思いを抱くのです。

「今日はこの私が病人に奉仕した。だから次は彼が私のために何かしてくれる番だ。私を敬い、ほめるべきだ…」

あるいはこんな考えも浮かんできます。

「彼のためにあんなにいろいろやってあげたのに、彼はまだ不満を言っている」

そもそも病人というものは、普通、あまり機嫌がいいものではありません。当然、心がこもらない看病に対して、不愉快な感情を抱きます。

内なる炎に照らされたとき、行動に変化が生まれます。火が油の染み込んだ芯に点されるとき、灯りが生まれます。心が行為に触れると無欲が生まれます。

行動（アクション）と身体活動（アクティビティ）とを区別しましょう。例えば、どこかで大きな騒動が起こって、人々がそれを止めたいと考えます。まず警官が来て、大声を張り上げて、みんなを静めます。彼は大声を出すという、激しい行動をとる必要があると思ったのでしょう。別の人が来てみんなの前で黙って指で合図する。するとそれだけで人々はおとなしくなる。三番目の人は、そこに現れただけで、あたりが静まり返る。警官の行動は、がんばって自分の思いを表出すること。二番目の人の行動は優しい手ぶり。三番目の人は、さらに微細です。活動は一番目から三番目へと少なくなっていきますが、騒ぎを静めるための働きをしたという点ではどれも同じです。心の内側が清らかに澄んでいくに従って、行動は少なくて楽になっていきます。がんばりから優しさへ、優しさからさらに微細な動きへ、そしてそこからさらに無へ。心が完全に清らかになると、活動はゼロに、行動は無限大へと向かいます。

この最終段階で、修行者であるヨギは無我の境地に入ります。もはや身体への執着は失われ、だから、身体的な動きとしての活動もなくなります。それは「する」を超えた、「いる」の境地なのです。

「何もせずにすべてを為す」

「すべてを為しつつ、何もしない」

何とも喜ばしい境地ではありませんか。

スピリチュアルな生き方

多くの人が、スピリチュアルな生き方は、特別な修行や苦行を行う行者のためだけのものだと誤解しています。人が「私は修行者ではない」と言うとき、その人は修行者のことを馬やライオン、クマや牛などと同様、別の生物だとでも思っているらしい。スピリチュアルな生活はそういう特殊な生きもののためだけにあると信じ込んでいるのでしょう。それではまるで、この世界の生きもののすべてが、自分とは思考も生活も違う、別の種に属していると考えるようなものです。こういう考え方が、人間を二つの種類に分断してきたのです。行者と俗人という二種に。

でも真実は違います。スピリチュアルな知恵は、ごく普通の人間を含む世界中の人々の日常生活に必要なのです。この知恵が教えてくれるでしょう。暮らしの中の行動の一つひとつを清らかにすることを通じて、心の平和と均衡を得る方法を。

でもあなたはこんなふうに考えて、自分の周りに壁を築いてはいませんか？

「私はごく世俗の垢にまみれたごく平凡な人間さ。この一身が私のすべて。そんな人間に何ができるって言うんだ？」

身体だけの〝自分〟を超えて、「真の自分」へと高めるのです。自分のことを貶めてはいけません。瞑想を通じて、誰もが行者の境地にまで自分を高めることができます。瞑想を行うには、次の三点が大切です。第一に、心を一点に向けること。第二に、日常生活の中に境界を設けること。第三に、視野が平らで静かであること。一点に向けるとは、心が動かないようにコントロールすることです。境界を設けるとは、行為一つひとつの意味をよく測り、理解してから行動することです。平静な視野とは、全体を包括的に、丸ごと見渡して考えることができる、ということです。この三つの要素が瞑想を形づくります。

完全に心を静めるのは素晴らしいことです。車輪の回転のような思考を止めずには、精神の集中は得られません。外なる車輪が何とか止まっても、心の内なる車輪は回り続けます。私たちはよく、あれこれ外的な手段を駆使して集中を得ようとするのですが、やればやるほど、かえって内なる車輪の回転は速くなってしまう。足を組んで座り、一点を凝視することはできる。でもそれが、心を一点に向かわせてくれるわけではありません。重要なのは、心の車輪を静止させること。そして視野に均衡がやってくることです。これなしに、心の一点集中はありません。

ライオンは原野の偉大な王ですが、それでも、後ろを振り返らずに四歩進むことはありません。弱肉強食の厳しい世界に生きる彼らは、どうして精神の集中が得られるのでしょう？　ライオンに限らず、カラスやネコの眼は常に動き回っています。彼らの眼は怖れと疑いに満ちています。暴力の世界に生きる動物たちはこういう状態なのです。

しかし人間は、平静な心をつくり出すことができるのです。この世のすべての生きものが、ありがたい友のような存在と思えるのが本当です。

「自分を信じるのと同じように、すべての生きものを信頼する」

それが本当です。一体何を怖れるのでしょう？　この世のすべては純粋で、神聖です。宇宙は素晴らしい。そこに何の問題もありはしません。もし何かまずいことがあれば、それは自分の目の問題です。自分が見るもの、それが世界です。もし赤色の眼鏡をかけたら、世界は赤く燃えているように見えるでしょう。「美は見る人の目の中にある」、というわけです。

「この世のすべての創造物がめでたく、ありがたい」、と確信できない限り、精神の一点集中は得られません。宇宙の中に何かまずいことがあると思っている限り、すべてのものを懐疑的に見てしまうのです。心が怖れに満たされている人に、心の平和や集中を理解することはできません。友だちとしての愛をいたるところに見出すようになれば、自然に、心は平和になるのです。

疲れたとき、私は清らかな水の流れる川の畔に行きます。澄んだ、穏やかな水の流れを見ていると、心が落ち着く。すべての悩みは消えてしまう。どうして水の流れには、こういう力があるのでしょうか？　水は留まることなく流れ続けます。休む場所もなく、家もない。

でも、この清らかな流れが、一瞬にして私の心を穏やかにしてくれるのです。この美しい流れを見つめる者の内に、愛と知恵が泉のように湧き上がり、その胸に溢れます。生命でもないただの水の流れが、これほどの静けさを心に与えてくれるのです。それなら、生きている人間の心の谷間から湧き出す知恵の流れがもたらしてくれる平和は、どれほど深

聖なるガンジス河が大海に注ぐように、
自己は至上の存在へと合体する。
私の瞑想の中で、
インドの全国土が一つとなる。
ああ、なんと広大な大地よ。
私たちの心も同様でありますように。

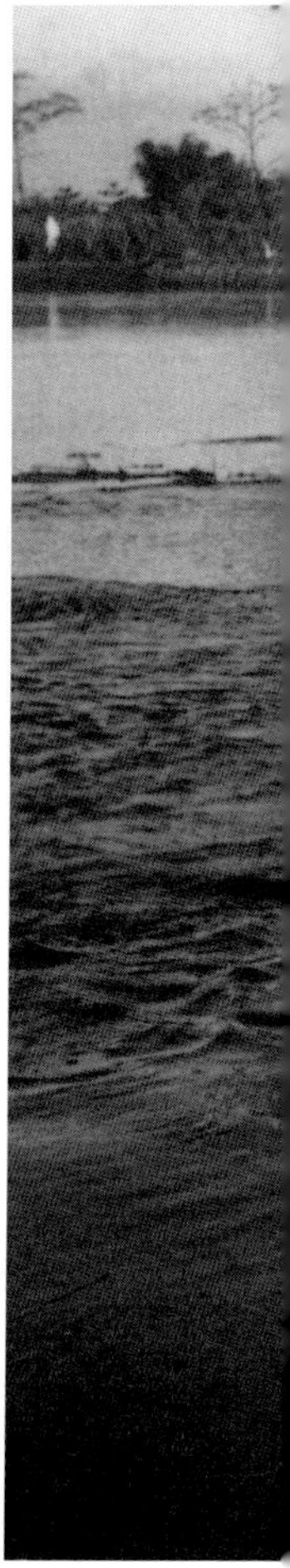

いものになるでしょう。
　クリシュナの神話の中で最も魅力的なのは、何と言っても、その子ども時代です。みんながこの若きクリシュナを心に抱き、崇めているのです。彼は他の牛飼いの少年たちと牛を連れて草場に出かけ、そこで一緒に食べ、笑い、遊んでいた。やがて神様にお祈りしに行く時間が来る。でもクリシュナはみんなにこう言う。
「誰か神様を見たことある？　神様がぼくたちを助けてくれたことはある？　でも、ほら、ぼくたちの目の前にあるこのゴバルダーナの丘をごらん。牛は丘の草を食べ、川の水もここから流れ出る。こんなにありがたいこの丘に、お祈りをしようよ！」
　そんなふうにクリシュナはみんなに説いたのです。一緒に笑い、歌った少年たち、そこにいた牛飼いの少女《ゴピ》たち、そして可愛がっている牛たちとその子どもたち――みんなのために彼は自由への扉を開いてみせたのです。子ども時代のクリシュナは、いつも牛たちと長じては、馬とともに動いていました。彼の奏でる笛の音に牛たちはうっとりし、馬たちは体を撫でてくれる彼の手つきにワクワクしました。牛たちも馬たちもクリシュナに満たされ、彼と同化して一体となったのです。クリシュナ神はこのように、人間だけでなく動物や鳥たちも解脱して、「モクシャ（究極の自由／moksha）」を得られるのだということを示したのです。

神に祈るのに、洞穴に行って坐る必要はありません。どこでも構いません。どんな行動でも、ただ神に捧げればいいのです。子どもの世話をする母親は、同時に神に仕えている。赤ん坊に沐浴させる行為は、神への捧げものであり、祈りです。子どもは神からの贈りもの。それを慈しむことは神聖な勤めです。子どもを優しく世話する母親の行動ほど、高貴なものが他にあるでしょうか？　また、その母親にとって、神の似姿とも言えるわが子に仕えることほど、大いなる恵みがまたとあるでしょうか？　私たちみんながこういう態度で、お互いに奉仕し合うことができたら、どうでしょう。私たちの行動はガラリと変わるに違いありません！　あなたのところにやってくるどんな仕事でも、神への奉仕だと感じられますように。

私たちの日常の暮らしはどこにでもある平凡なものに見えますが、実は、その一刻一刻が極めて重要な意味を帯びているのです。誰のものでも、人生とはみな偉大なるカルマ――つまり、奉仕と犠牲の連続なのです。

空の静けさの中の音楽。
呼吸に伴う
心の隅々からの音楽。
人生のすべての行動に
ハーモニーをもたらすもの、
それが本当の音楽だ。

あるがままに

眠りとは何でしょう？　それは「ワンネス」の体験です。もし私たちが寝る前に、すべての歓びを神に捧げたら、眠りは「超越」の経験となるでしょう。

ヒンドゥー教徒には、沐浴の最中に宇宙神の讃美歌を口ずさむ習慣があります。千の手や眼をもつこの宇宙神と沐浴には何か関係があるのでしょうか？　それはこういうことです。手桶の水を頭に注ぐ。すると何千もの滴がかかります。この滴が汚れを落としていく。神の恵みのシャワーを頭から浴びているわけです。何千もの神の手が無数の滴を振りかけながら、身体を、心を、魂を浄化させていく。あなたによって、その内に神性を注ぎ込まれた沐浴という行為は、新たな質を得て、無限の力を獲得するのです。

これは悪い人だ、と誰が決められるでしょう？　あなたの前にもし本当の悪人が現れたとしても、その人を神のように扱うのです。すると、悪人も聖人に変わるでしょう。その人が悪者だと決めつけることは誰にもできません。

こんな話があります。昔、ある男は、自分が住んでいる家が不吉だと思い、その家を出て、他の村に移り住んだ。今度の家は汚なすぎると思い、今度は森に移り住むことにした。

森の中でマンゴーの木の下に坐っていると、頭に鳥が糞を落とす。「この森も親切じゃない」と思った彼は、次に川に行って、その中に立つ。すると川の中で、大きな魚が小さな魚を食べている。それを見て彼は吐き気を催した。

「この世はすべて嫌なものだらけだ。もう死ぬ他に道はない」

こう考えた彼は水から出て、自分に火をつけようとした。そこに通りかかった人が訊ねる。

「兄弟よ、どうしてあなたは死のうとしているのか?」

「世界中、不幸なことばかりだから」

そう男は答えた。すると通りがかりの男はこう言った。

「もしその汚れた体が、肉ごと焼かれたら、なんと嫌な臭いがするだろう! 私はこの近くに住んでいるが、どこへ行けばいいんだ? 一本の髪の毛が燃えてもひどく臭うのに、その体が焼けたら、どれだけの悪臭を放つか、ちょっと考えておくれよ」

死のうとしていた男は、途方にくれてこう叫んだ。

「ああ、この世では、生きることも死ぬこともできないのか。じゃあ、どうすればいいんだ!」

この話のように、何でもかんでも悪い、不吉だと思って拒絶し始めると、しまいには自分自身を追いつめることになってしまいます。真実はこうです。この世は、あるがままで、よいもの、ありがたいものなのです。この世の時空間のすべてを、小さな場所に集めてくる必要がどこにあるでしょう？　軽蔑は慣れや親しみの中から生まれやすい。だから、あるものとは親密に、でも他のものとは一定の距離を置くのがいいのです。先生の前では、謙虚に、一定の間をおいて座ります。でも、母親には近寄って膝に乗ったりもします。さまざまなものに対して、それぞれにふさわしいふるまい方があるのです。花には近づきますが、火からは離れます。星空は離れて見ればこそ美しい。

これはこの世界のすべてに言えることです。遠く離れたものを、自分のすぐ近くにもってきたからといって、うれしさが増すわけではありません。すべてを、それぞれの場所に、あるがままにしておいてあげること。その中にこそ真の歓びはあるのです。遠くにあっても歓びを与えてくれるなら、近くにもってくればもっと楽しませてくれるだろうって？いいえ、そんなことはありません。そこに放ったままにしておいて、遠くから楽しめばいいのです。無理をして親密になることに、意味はありません。遠くにあるものに人は引き寄せられます。距離には魅力があるのです。人はよく、すぐ側にあるもののことは忘れて、遠くにあるものに憧れるもの。でも、それは幻想です。

自分の「スワダルマ（真の自己）」などごく平凡で、不完全で、面白くないように思いがちです。でも、自分のだからこそ、それが結局、自分にとって最高で、最も美しいのです。海で溺れかけている者の命を救うのは、すぐ側を流れている流木です。それがどんなにゴツゴツと節くれだっていたとしても。格好よく、滑らかに磨かれていなくても、そんなことは構いませんよね？　大工さんの仕事場に行けば、加工されて見栄えのいい木材なんかいくらでもあるでしょう。でもそれらは大工さんのところにあり、男は海で溺れかけているのです。彼の命を救うのは、ゴツゴツの不格好な木だけです。それを掴むしかありません。

私たちはいかに利己主義（エゴイズム）の危険から身を守ればよいのでしょう？　それには内面的な賢さが必要になります。この世界に調和や均衡をもたらすサットヴァ（純質／sattva）は、一時的に来る客との間ではなく、家族との日常のやりとりの中で養われるものです。

私たちは、たまに自分で行うことを自慢したりします。でも、毎日眠ってはいても、それについて誰かに話したりすることはありません。もし、二週間も眠られずにいた患者がやっと眠ったなら、きっとみんなに「昨日はやっと眠れたよ」と話すでしょう。その眠りは、彼にとって特別なことだったのです。

自分で何かよいことを行ったとき、私たちはそれを自慢したり、誇りに思ったりしがちですね。なぜでしょう？　その行為が〝自然に〟行われたものではないからです。深い闇の夜に、ホタルが飛んでいる。その様子の何と誇らしげなこと。ホタルは光を一度にいっぺんに放つのではなく、少し輝いては消えて、また輝いては消える。まるで光を使って、かくれんぼをしているかのようです。でも、もしホタルが光り続けていたら、そんなに見事には見えないでしょう。ずっと続いていると、それが当たり前になってしまう。

これと同じように、サットヴァが常に私たちの行動の中に光り続けていると、それは自然なもの、つまり私たちの一部になってしまうのです。ライオンは自分の強さを自慢したりしないどころか、その強さを意識することさえありません。同様に、サットヴァに満ちた行動はあまりにも自然で、自発的で、私たちはもうそれについて、特に考えもしないのです。

あれこれ行動するよりも、
沈思黙考と瞑想によって、
人類により大きな貢献ができるだろう。

三つの秩序

人間は誕生とともに、三つの秩序の中に入ります。一つは宇宙、すなわち無限の広がりをもつ世界です。二つ目は社会。そして三つ目は自分の身体です。毎日の生活で、私たちはこの三つの秩序を使い続けるので、それぞれ、次第に消耗してきます。自分のせいで失われたものは補充すべきです。そのためには三つの行為を実践しなければなりません。犠牲を意味する「ヤグナ（yajna）」、贈与を意味する「ダーナ（dana）」、修行を意味する「タパス（tapas）」の三つです。

「ヤグナ」とは何でしょう？　毎日私たちは自然を利用しています。ある場所に同時に百人の人が集まると、たった一日でも自然の一部が傷みます。空気を濁らせ、その場所を汚します。食べる、服を着る、などの行為を通じて、私たちは地球の資源を消費しているのです。少なくなったものを埋め合わせ、消費したものを元に戻すべきです。この失ったものの復元というのが、ヤグナの目的の一つです。もう一つの目的は、使用したものの浄化です。井戸を使うとその辺り一帯が汚れたり、ぬかるんだりする。それは被造物である自然の一部が損なわれたということです。その場所を浄化するのもヤグナの働きです。

これらに加えて、ヤグナには〝新たにつくり出す〟働きも含まれます。服が必要なら、毎日少しずつ糸を紡いで、新しく服をつくり出す必要があります。まずは綿を育て、収穫し、糸を紡ぎ、織る。これらの仕事のすべてが、ヤグナの行為です。ヤグナが〝犠牲〟を意味するというのは、それが決して自分自身のために行われるのではないからです。何かが失われたことの責任が自分にもあり、だから、その埋め合わせのためにこの仕事をすることが大切だ、という思いがヤグナには込められています。それは、他者のためにいいことをするという「利他主義」ではありません。消失の補填、ものの浄化、新しいものの創出によって、自分が生まれ落ちた第一の秩序である自然界に対して負った〝借り〟を返す、ということです。

第二の秩序は私たちの社会です。そこには父親、母親、先生、友人をはじめさまざまな人々がいます。「ダーナ」は自分の社会からの〝借り〟を返すことです。私がこれまでにどれほどのものを社会から受け取ってきたか、計り知れません。この世に生まれたとき、弱く無力だった私は社会のおかげで、育ち、成長することができました。だから、今度は私が社会に奉仕する番なのです。社会から受けた恩に報い、〝借り〟を返して、自由になる。それがダーナです。

三つ目の秩序が身体です。これもまた、心を、知識を、感覚を日々使うことにより、だんだんすり減っていくものです。「タパス」は、身体に現れる欠陥や歪みを取り去るために処方されるものです。

このように、自然、社会、身体という三つの秩序が、円満に、円滑に展開していくようにするのが、「よい行い」というものです。私たちはよいものも悪いものも含めて、たくさんの制度や組織をつくってきましたが、この三つの秩序は人間がつくったものではありません。それは〝自然〟にやってきたのです。だからこそ、ヤグナ、ダーナ、タパスの営みを通じて、三つの秩序の傷みや破損を修復していくのも、私たちにとっての〝自然〟な道なのです。自然、社会、身体の三つの秩序をよい状態に保つこと。それに私たちの全エネルギーを注がなければなりません。

ヤグナを通じて自然との調和を計り、ダーナを通じて社会における、そしてタパスを通じて身体における均衡を保持していくのです。それは、三つの秩序のすべてにおいてバランスを保つためにつくられた〝プログラム〟です。

世界全体への奉仕としてのヤグナ、ダーナ、タパスが、行動として表に表れたとき、それらを〝スピリチュアル〟と呼ぶことができます。世界への奉仕と魂の発展とは、別々の行動として、異なる道をたどるものではありません。それらは同じことの二つの表現なのです。製作に熱中している彫刻家は、その美しい作品が自分の手だけでつくられているのではないことを感じています。のみをふるっているときに、いつの間にか、どこからか、美が涌き出すのです。作品の美しさは、その中に注ぎ込まれた彫刻家の魂の美しさに他なりません。

これまでヤグナ、ダーナ、タパスを、三つの異なるものであるかのように話をしてきましたが、実は、その三つの間に違いはないのです。というのは、そもそも自然、社会、身体という三つの秩序が、全く相異なったものではないからです。社会は宇宙の外にあるわけではなく、身体もまた同様です。三つが一緒になって大自然という秩序を形成しています。だから私たちそれぞれも、創造のために努力し、ダーナで惜しみなく与え、タパスで修行を続ける。その全体を、広い意味でのヤグナと呼ぶことができます。

こうした行動のすべてにもう一つ、マントラが必要です。マントラとは行動を、その背後にあるべき感情とつなぐための言葉。マントラがないと、行動に意味が欠けてしまいます。何時間続けて働いても、心の内にマントラがないと、その仕事が無駄になってしまいます。心は単なる仕事を通して、浄化されるものではありません。例えば、糸紡ぎです。

「綿に隠れている神が、糸となって現われる」というマントラを唱えながら紡ぐ。すると、その糸紡ぎという行為は浄化され、純粋なものとなる。それは、神と人々を崇める祈りとなり、神と人々のために奉仕する行為となります。糸はマントラに満たされて、あなたはその糸の中に全宇宙を見始めます。

ヤグナ、ダーナ、タパスがある社会には争いは起こりません。そこに生きる人々の行動は、マントラによって、そして瞑想によって裏打ちされているからです。二つの鏡が向き合えば、それぞれが互いを映し出します。これと同じ反射の法則によって、社会と個人とは、互いを映し合いながら、共に平和を育み、深め合うのです。

あなたの幸せは社会の幸せ。社会の幸せはあなたの幸せです。あなたの幸せを、そして社会の幸せを確かめてみれば、それらが切り離すことのできない一体のものであることがわかるでしょう。それがワンネス（不二一元：アドヴァイタ／advaita）の境地です。それをあなたはいたるところで経験することになるでしょう。分離の幻想は消え去ります。

◆『マヌ法典（Manu）』

前二世紀頃、古代インド神話における人類の始祖マヌが受けた神の啓示を、全人民の社会規範としてまとめた書。

家屋の所有に伴う
面倒がないので、
私の人生には心配がない。
後にも先にも、
ただ瞑想があるのみだ。
経験に照らして
私は断言できる。
瞑想するのは簡単で、
心配することは難しい。

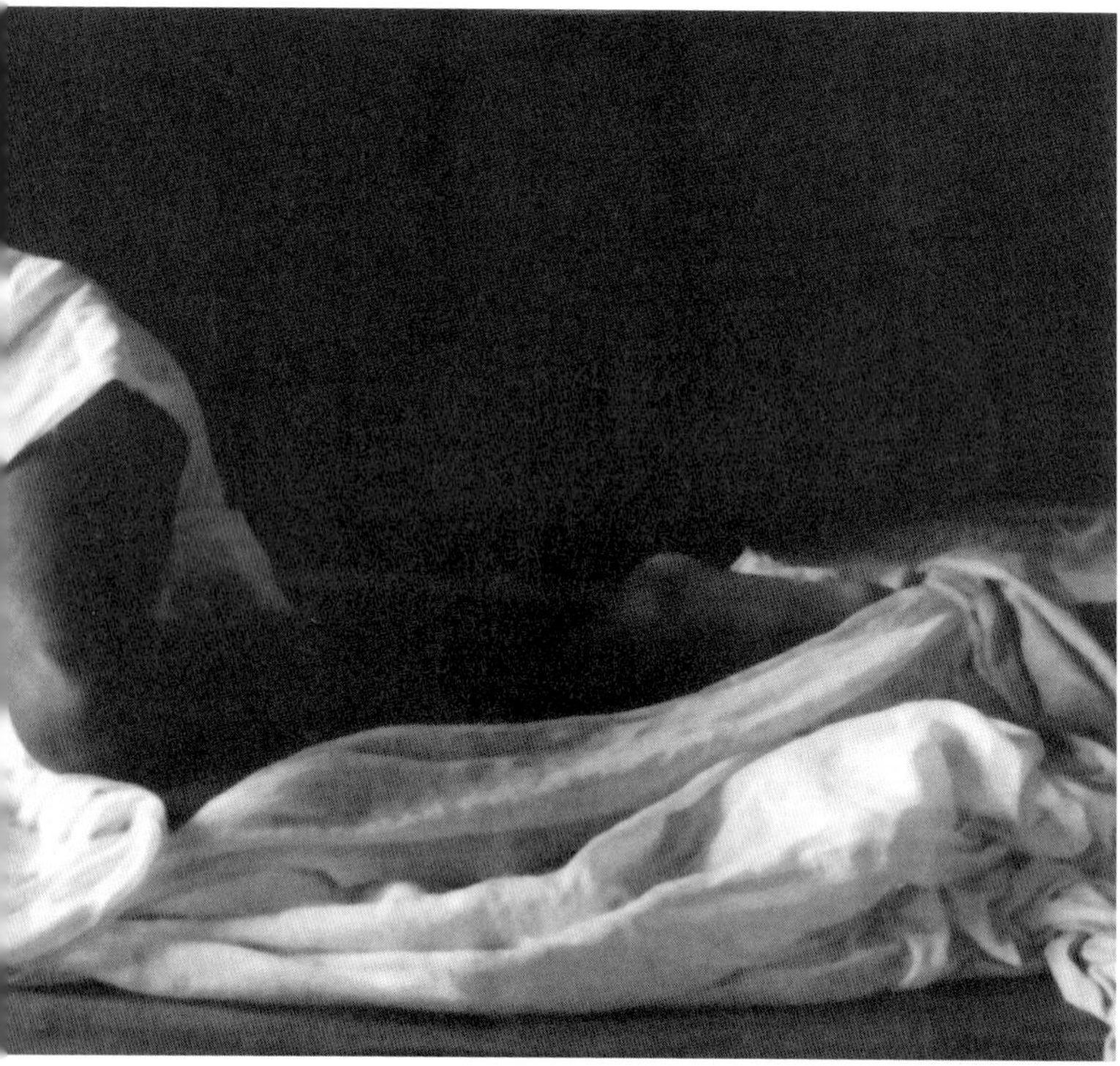

深い眠りとは、
神の膝の上での休息。
睡眠は、死のリハーサルだ。
寝る前には、死を思うべきだ。
そして、間もなく
神の膝の上に赴《おもむ》くのだ、と。

この命を、永遠なる宇宙の純粋意識へと融合させたまえ。
そしてこの身体を灰燼へと化さしめたまえ。

一九八二年十一月十六日
最後の巡礼

日本の読者のための解説

「私たちの内に生きるビノーバ」

語り　サティシュ・クマール

ビノーバとの出会い

私は十五歳か十六歳でした。私のジャイナ教の師《グル》であるトゥルシー導師と共に、デリーに出かけました。インド中を常に歩いて〝ブーダーン〟と呼ばれる土地寄進運動を展開していた高名なビノーバ・バーベが、ちょうどその頃、やはりデリーに来ているということがわかり、会いにいくことになりました。

ジャムナ川の畔にあるラージガートというガンディーの廟がある場所です。そこで、ガンディーは昔からの伝統に従って火葬された。火葬に理想的だとされる場所は常に川の畔です。火葬された遺体を川に流すと、それが海に至り、海から天に上って、そして宇宙全体と合流するという信仰があるのです。

そこにテントを張ってビノーバが泊まっていた。トゥルシー導師と私を含む数人の僧侶がそこに彼を訪ねたわけです。彼のテントとガンディー廟の間で私たちは話しました。

話題は土地寄進運動についてでした。ビノーバの言葉はトゥルシー師にとって耳に優しいものではありませんでした。彼は私たちに向かってこう言いました。

「人はお坊さんになると、世界から自分を切り離し、社会から引退してしまう。社会に不正がはびこり、悲惨な暴力沙汰が横行しているときに、それを放っておいて、社会から身を引いてしまうなんて。これはいったいどういうことなのだ」

ビノーバは僧侶である私たちに問うのでした。「それが果たしてスピリチュアルな態度といえるのか」、と。

ビノーバの厳しい指摘は続きました。

「精神性やスピリチュアリティというものは、単に自分個人に留まるものではなく、全世界、全社会をも包含するものであるべきだ。何故ならそもそも我々個人の存在は、社会や世界から切り離されてバラバラにあるのではなくて、全体の中に統合された一部としてある。だからスピリチュアリティとは、個々人のためのそれであると同時に、政治的で、経済的で、社会的なスピリチュアリティであらざるを得ない。この世界から搾取をなくすための運動に従事することこそがスピリチュアリティだ」

こうしたビノーバの言葉は、確かに私の心を揺さぶりました。宗教やスピリチュアリティとは決して人里離れた場所で行われることではなく、社会のただ中でこそ実践されるものだという彼のメッセージは、一粒の種子として、そのとき、私の心の中に蒔かれたのです。

その種はやがて私の内で発芽することになります。そしてその出会いから数年後、私はジャイナ教の僧侶を辞して、還俗することを決意します。

暗闇に光が差し込む

ちょっと時間をさかのぼって、ビノーバのブーダーン運動がどう始まったか、振り返っておきましょう。テランガーナ州のポチャムパリ村でのできごとについては、本書の序文にも書きましたが、〝不可触民《アンタッチャブル》〟として差別され、抑圧されていたハリジャンの貧民たちが、あちこちで地主階級に対して暴動を起こしていました。その中心地と見られていた村へと、ビノーバは何の計画ももたずに歩いていったのです。地主とハリジャンを含むすべての村人に声をかけ、一同に集まってもらい、こう語りかけました。

「お互いがお互いを必要としている、これは一つのコミュニティであり、みんなが生きていくためのコモンズなのだ。そしてあなたがた一人ひとりがなくてはならぬそのメンバーだ。一見利害が対立しているように見えるかもしれないが、実は、それは幻想であり、真の意味での利害はあなたがたに共通している。共に生きていくというそのことによって、あなたがたは互いに結びつけられているのだ」

そう、ビノーバは語ったと言います。

その上で、ビノーバは何の勝算もなしに、土地をもたない貧民たちへの土地の寄贈を訴えます。「彼らが必要としているのはわずかな土地だ。さあ、地主のみなさん、あなたがたの心に、寛容の精神に、共感と愛の力に訊いてみていただきたい」、とビノーバは訴えます。まず会場が沈黙に包まれたといいます。みんな呆気にとられていたのでしょう。

やがてある人がこう言い始めたそうです。

「土地こそは我々にとって最も重要なものだ。どうしてそれを差し出すことができるだろう。それを子どもたちに伝えていかなければいけない。お金を出すことは考えよう。その他、いろいろなものを差し出すことは考えられても、土地だけは無理だ」

そこでビノーバはこう言ったそうです。

「ちょっとその前に考えてみていただきたい。そもそもどうして土地を所有することができるのだろうか。あなたは太陽を所有することができますか。水を、空気を、山を所有することができますか。土地とは、ただそこにつながることができるだけ。それを所有することはできない」

それを聞いて、地主の間で話し合いが始まります。ビノーバはただじっと待っていた。やがてラムチャンドラ・レディという一人の地主が立ち上がってこう言った。

「ビノーバよ、あなたは共感の人である。あなたの言葉は私の心の中に共鳴を引き起こしている」

そして彼は自分のもっている二百エーカーの土地の半分の百エーカーを寄付すると申し

出た。ハリジャンが必要としているのが八十エーカーだと知ると、残りの二十エーカーをコモンズ（入会地）にすることを提案した。

これは歴史的な事件だったのです。今までは法律によって、いわば上からの強制力によって農地解放が実現したことはあっても、人々の間の純粋な共感だけによって土地の贈与が行われたということはなかったでしょう。すぐにハリジャンや土地なし百姓の側は、すべての対立と闘争の終了を宣言し、地主の代表を含むコミュニティの委員会を結成しました。

拍手が湧き起こりました。それは「共感の革命」の始まりだったのです。

レナード・コーエンの歌にありますね。「すべてのものにはかすかな割れ目がある。どんなに強く完璧に見えるものにも。光はそこから差し込むのだ」、と（"There is a crack in everything. That's how the light gets in"『Anthem』／Leonard Cohen）。

まさに、小さな割れ目から暗闇の中に光が差し込んで明るくなったのです。何の計画もなしに村にやって来たビノーバも、そのときにビジョンを得たのです。この村で起こっていた暴力的衝突は、もう少しで、野火のように全インドに波及しようとしていました。ガンディーと仲間たちが中心になって成し遂げたインドの独立とは、イギリスからの独立であり、政治的な独立でした。しかし、それだけでは十分ではない。次に経済的な独立を成し遂げなければならない。その二つの独立は、同じプロセスの次の段階にすぎないとビノーバは考えました。その第二段階を、最初の政治的独立と同様、非暴力で成し遂げることこそが重要だ、と。なぜなら、政治的独立と経済的独立は、それ自体が目的なのではなく、言わば〝道〟なのだから。この道筋を通って我々はスピリチュアルな悟りを開き、精神的解放へと至る。彼はそういうビジョンを得たわけです。

インドがイギリスの植民地とされ、人々が奴隷のように扱われるとか、大地主に土地を独占され、多くの人々が飢餓に怯えるような状態では、精神的な解放もまたあり得ない。政治的解放と経済的解放、そして三つ目のスピリチュアルで精神的な解放とを切り離して考えることはできない。これら三つは一体なのだ、というわけです。

聖者の行進

冒頭にお話したビノーバとの最初の出会いの場で、彼が私や私の導師《グル》に語ったのはそのことだったのです。スピリチュアルの専門家と言われている僧侶や牧師たちは、社会から切り離された特別な所に暮らして、悟りとか精神的な解放とかを語っている。でもそれは本当の意味の解放ではない、とビノーバは考えました。そして、政治や経済という社会的な意味での解放のための実践と、スピリチュアルな実践との融合を目指したのです。それはインドの歴史の中でも画期的な出来事だったといえるでしょう。

ポチャムパリ村での眠れない夜が明けると、彼はこう宣言しました。

「私は自分のアシュラムには戻らない。これから毎日、村から村へと訪ね歩く。そして次の暴力的な衝突が起こる前に、地主たちから土地を寄贈していただけるようにお願いするのだ」

そしてその日のうちにはもう次の村にいて、そしてこう言いました。

「ラムチャンドラ・レディさんができたことは必ずあなたにもできます」

そして子どもが五人いる地主だったらこう言ったのです。

「私を六人目の子どもにしてください。そして六分の一の土地を私にください」

間もなくこのことが、全国紙の見出しに載るようになりました。デリーでもボンベイでもカルカッタでも、このニュースが大きな話題となった。時のインド首相ジャワハルラール・ネルーもビノーバに電報を打って、「あなたは今奇跡を起こしている、あらゆる政治家ができなかったことをあなたは単なる共感の力によって成し遂げている」、と賞賛し、祝福しました。

やがて、ネルー首相はついに手紙を書いて、ぜひ首都デリーに来てくれるようにと依頼します。

「デリーに来て、政治家や役人たちみんなに話をしてやってほしい。また、どうすれば我々が抱えている深刻な土地問題を解決することができるか、アドバイスをしてほしい。いつ来られるか言ってくれれば、すぐに専用飛行機を差し向けるから」

ビノーバの返事はこうでした。

「他ならぬ国の首相の招待だから、それを無下に断るわけにはいかない。だから私は行きます。でも私は飛行機には乗りません。歩いて行きます」

デリーに向かうその途中でも、私には仕事があるといって、村々に立ち寄っては土地を集め続けます。ネルーの手紙を受け取ったときはまだ南インドにいたわけですから、そこからデリーまで二千キロ以上を歩くわけです。するとまた、「ビノーバ、首相の専用飛行機を断る」、とか、「ビノーバ、南インドから歩いて首都へ」、といった大見出しが全国紙の紙面におどったのでした。

それから半年くらい後に、ビノーバはついにデリーに現れた。そこでは政府が用意した豪華な宿に泊まるのも拒否しました。かつていつもしていたように、マハトマ・ガンディーの廟の隣りにテントを張って、そこに泊まった。その結果、会見はそのジャムナ川の畔に首相、閣僚、高級官僚たちが訪れて行われることになりました。

トゥルシー導師はこのことを聞きつけたのでしょう。そしてこれは何か大事なことが起こっている。自分も会いにいって、それを確かめたいと思ったのでしょう。そして、私を連れて、ネルー首相と同じように、あの川の畔で、ビノーバと会見したわけです。そして、それが、私の人生にとって大きな出来事になったことはすでに話しましたね。

私は、当時はまだ僧侶で新聞など読みませんから、すべてのメディアがこのビノーバの首都への旅をめぐって大騒ぎしていたのを後で知りました。それは、「セイント・オン・ザ・マーチ」と呼ばれていた。つまり〝聖者の行進〟です。この騒ぎを通じて、インドの多くの人々にはわかり始めていたんです。「私たちに本当に必要なのは、マルクス主義革命でも社会主義革命でも資本主義革命でもなんでもない。必要なのは、ただただ共感であり、共感の革命なのだ」、と。

そして人々はビノーバのようにやろうと、もう勝手に動き始めていました。そして、ビノーバの名において、「地主さん、是非土地を贈与してください」、とお願いして歩く人たちがどんどん現れました。かつてビノーバがしたように、学生たちは学校を辞め、先生たちも先生を辞めて、エンジニアも医者も自分の職業を捨てて、ビノーバの運動に参加した。そしてその数は何万にも上りました。

その後、ビノーバ自身は、今度は北へ向かって歩きます。北部インドから東インドへ、そしてまた南インドへ。まるで私自身も彼とともに歩いているかのような気分でした。人々が自分の職業を捨ててまで彼の運動に参加していくことにも、心を揺さぶられていました。あのとき、私の心の中に蒔かれた種は、間もなく発芽します。そしてこう決意します。私も僧侶を辞めよう。

愛と共感の革命

一九五四年、十八歳にして私は還俗しました。でも私はまっすぐビノーバのもとへ行ったわけではないのです。最初の二年ほどは自分なりにビノーバに倣って、ブーダーン運動を実践しました。ブッダガヤに今もあるビノーバが開いたアシュラムへ行き、その周囲の村々を歩いて、彼と同じことを私もやろうとして、実際、土地をいただくことにも成功しました。それはヒンドゥー教の寺院に属している土地で、そのお寺から土地をいただいたのです。

私がビノーバと再会したのは一九五七年、インド南部のケララ州でした。私の著書、『君あり故に我あり』にもそのときのことを書きましたが、改めて思い出してみましょう。私がトゥルシー導師と一緒に会いにいったときのことを話したら、「ああ、覚えているよ、よく来たね」、と歓迎してくれました。

私がトゥルシー師のもとを去った後、ビノーバのアシュラムで活動していると聞いた師《グル》は、ビノーバのところに、「サティシュが来たら迎え入れないでほしい」、というメッセージを送ってきたというのです。ビノーバが私を受け入れたとなったら、他の僧侶たちが動揺して、その影響を受けてしまう。そして、どんどん、トゥルシー師のもとを離れる者が増えてしまうのを心配していたようでした。でもビノーバはその依頼に対して、「あなたのところにいるお坊さんたちに、もっと私の運動に参加してほしいので」、と言って断ったそうです。「というわけで、きみを歓迎するよ」、と言って笑っていました。

その頃、もうすでにブーダーン運動は全土に広がっていて、共産主義者や社会主義者も運動に参加するようになっていました。有名なＪ・Ｐ・ナラヤン（一九〇二－一九七九／インドの政治家、社会運動家）もビノーバのもとにやって来た。「共感の革命」という旗のもとに、みんなが集まっていたのです。

その核心にある考えはこうでした。

「あのガンディー翁が率いた革命が、インドの独立を非暴力で、共感によって成し遂げたのと同様に、経済的な解放を共感の力によって、非暴力で実現する」

この考えの基本にあるビノーバのメッセージは、何よりも第一に、「我々は自然を所有することはできない」、ということでした。

「大地は天からの贈りものである。そしてそれは人間だけではなく、この地に生きるすべての生きものへの贈りものである。ただ人間は神から受託者《トラスティー》としての役割を与えられ、その土地を預かり、保管者としてかかわるように期待されている。だから我々にできるのは土地とつながり、関係性《リレーションシップ》を育て、維持すること。決してそれを所有《オーナーシップ》だと勘違いしてはいけない」

それまでの常識では、「土地とはまず人間のためのものである」、と考えられていた。そして第二に、「人間は人間でも、すべての人間のためのものではなくて、それを所有し税金を払っている人だけのためのものである」、と。この常識を覆すことにビノーバは挑んだわけです。

そして彼はガンディーの有名な言葉、「自然は我々の貪欲《グリーズ》のためではなく、必要《ニーズ》のため」、を毎日繰り返しました。そしてガンディーが言ったことをさらに磨いて、より説得的に、より明確にしていったのです。

それればかりではなく、その必要《ニーズ》と呼ばれているものの中身に光を当てて、その必要性を低くしていく、そして、シンプルにしていくという作業に取り組んだ。シンプルにすればするほど貧相になるのではなく、かえって美しくなっていくことを実証したのです。シンプルで、エシカルで、同時にエレガントで美しい生き方というものがある。このことを彼は、自分の生き方によって示していったわけです。

ビノーバが人々にとって説得的だったのは、なんといっても彼の生き方があったからです。彼の言葉は決して口先だけのものではなかった。「必要」という言葉の定義をだんだんと広げていって、これも必要、あれも必要とリストを増やしていく人が多いのですが、彼は逆に、自然界に重荷にならないような簡素な生き方を楽々と実践していました。そしてそれは誰の目にも明らかでした。とにかく彼は何一つ所有していなかったのですから。ガンディーの思想をまさに体現する人がそこにいました。何一つ失うものをもっていない。だから何かを失う恐怖からも自由でした。

そのように無欲と簡素を自分の生き方そのものによって見事に表現するこの人が、切々と「土地をください」、と言う。これ以上に説得的で、これ以上に人々の心を動かせるも

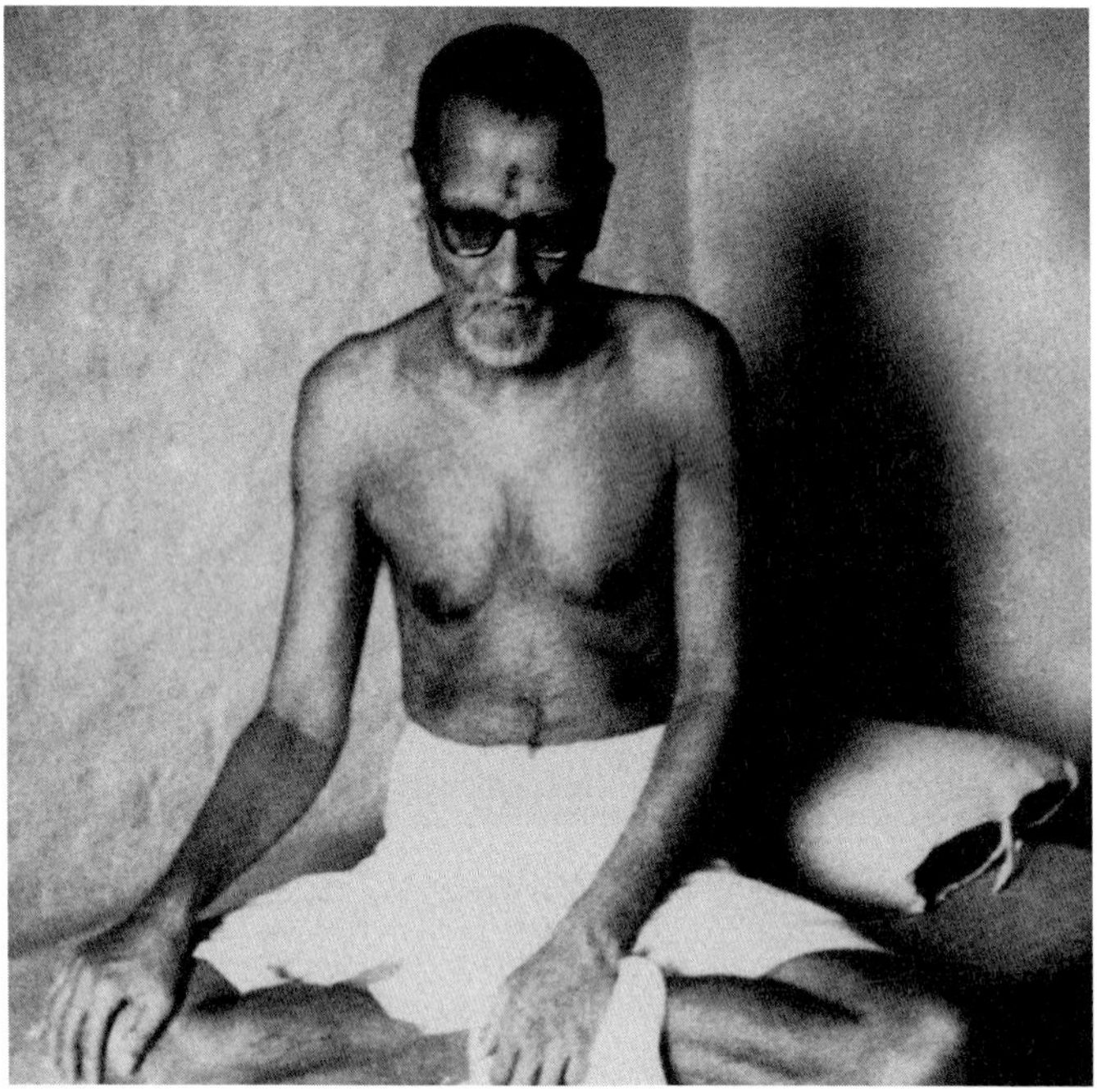

のが他にあったとは思えません。
結局、彼は十五年間かけて、西から東へ、南から北へと、インドを隈なく歩きました。その距離は「六万キロ以上」だと言われます。そして彼は「四百五十万エーカー」の土地をギフトとして受け取り、貧しい人々に配ったのです。

歩く大学

私は一九五七年から一九六二年まで、時にはビノーバと共に、また時には彼から離れた場所で、ずっとブーダーン運動の一員として歩きました。ケララ、カルナタ－カ、マハーラーシュトラ、グジュラート、ラジャスタンなどの州を、彼と一緒に歩いたときのことをよく覚えています。

ビノーバはただ地主たちを説得するためだけに歩いているわけではなくて、毎日がビノーバの学校だったのです。彼は毎日、スピリチュアリティについて、思想や哲学について、そして何よりもアートについて話しました。「アートとは生き方そのものである」、と一緒に歩く若者たちに語りました。それは〝歩く大学〟でした。私は普通の大学に行ったことはありませんが、歩く大学の学生だったことはあるのです。そして、ビノーバは私の先生であり、師《グル》でした。

まだ暗い四時頃に、ランプをもって歩き始めます。そして日の出とともに立ち止まって、みんなで祈ります。また歩き始め、暑くなる前に村に着く。そして七時か八時頃には、そこにキャンプを張るわけです。

太陽に祈りながら、彼はこう言ったものです。

「太陽こそが我々の先生だ。それはそこにじっとして、何一つ我々に強制しない。あちこち動くこともなく、ただただその光によって万物に生命力を与え、すべてのものを生かしている」

そして彼はこう言うのです。

「私たちもその太陽のようであろう。あなたはただあなた自身でありなさい。何一つする必要はない。太陽のようにそこに漂いながら、愛と共感のエネルギーで世界を照らしなさい。太陽は地球のようになろうとか、月のようになりたいとか、何も思わない。だから、太陽が太陽であるのと同じように、私たちもあの人のようになりたいとか、この人のようでありたいとか思う必要はない。私自身、あなた自身であればそれでよい」

ビノーバはこのように自然界に範をとって、生き方を教えてくれました。またインド古代の聖人の話や、喩え話もよくしてくれましたし、数々の詩を朗読し、名言を引用し、祈りの言葉を唱え、『ウパニシャッド』や『バガヴァッド・ギーター』などの古代の聖典を教えてくれました。この歩く大学には、試験もなければ、与えられる資格も何もありませんでした。でも私にとっては、何一つ欠けることのない、すべてがある学校だったのです。

村から少し離れたところにキャンプを張り、朝の学校が終わると、私たちの一行は村に向かいます。例えば五、六十人の我々を、道の両側に何千、多いときには何万という人たちが待っていて、迎えてくれます。会場が予め用意されていて、村の地主たちがそこに集まっている。村を訪ねる最大の目的がブーダーン、つまり土地寄進であることは、村の方でも共有されていたわけです。でもそれとは別に、時には学校などで講演会が準備されていて、子どもたちも大人たちも集まってビノーバの講義を聴きます。土地の贈与について

は、午前中の話のときにアンケート用紙のようなものが配布される。そして四、五時間考えた上で、各自が自分のギフトを決めて、その用紙に、どこの土地のどの部分だとか、どの位の大きさかとかを書き入れる。午後になってまた集会が再開されるときには、ギフトを決めた人たちが列をなして待っている。私は五エーカー、私は十エーカー、私は百エーカーというふうに。

そして夕方になってこの手続きが終わると、政府関係者や自治体関係者が来て、成果を確認します。そして夜になるとまた講演会のようなものが開かれて、時には何千という人が集まってビノーバの話を聞く。そこではスピリチュアリティについての話が中心でした。彼は九つの言語に熟達していました。でも多言語社会のインドのことですから、通訳がついて、人々が親しみやすい地元の言語で話が聞けるようにしていました。

彼の知識は確かに驚くべきものでした。頭の中に図書館が全部入っているんじゃないか、と思ったほどです。今でいえばコンピューター。コンピューターを一度も見たこともないコンピューターみたいなものです。

でも、彼はどの地域に行くときにも、その前にその地域の歴史や文化のことをしっかり勉強することを忘れませんでした。そしてそこの地域の英雄の話や、古代からの有名な叙事詩などを、話の中でしょっちゅう引用しながら話すのです。だから人々は彼がどこか遠い所から来た異邦人だとは思えなかった。自分たちの土地や文化に精通している人の話として、親しみを感じながら聞くことができたのです。

また、彼は子どもたちが大好きでした。子どもたちと話すことを重視して、よく学校に行っていました。村の外でキャンプをする代わりに学校に泊まることもありました。そうすれば子どもたちと話せるからです。そして子どもたちにもわかる言語を彼は喋っていました。

そんなふうだからこそ、「私はあなたの敵ではない、私はここにあなたの友人として来た」、と彼が今会ったばかりの地主たちに向かって話しかけても、受け入れてもらえたのだと思うのです。「友人として土地の寄贈をお願いに来たのだ」、という言葉に、説得性があったのです。彼は心と心のつながりをつくり出すためには、努力を惜しみませんでした。

彼はいつも〝チェンジ・オブ・ハート（心の変化）〟ということを言っていました。それを、頭が変わることや、考えが変わることと対比して、心の触れ合いを通して心が変わることの重要さを強調していたのです。「頭脳は悪いことも含めて、すべてを正当化することができる。しかし愛と共感は悪を正当化することができない。だから頭や合理的思考ではなく、愛と共感でつながることによって、初めて物事を根本的に変えることができる」、と言うのです。

そのときに邪魔になるのがエゴ（自我）です。このエゴを何とかして小さくしていく。

それをもっと穏やかなものにしていくことが大事だ。その大切な働きが〝ヒューミリティ（謙遜、謙譲）〟です。それは彼の思想にとって大変重要な概念です。

ヒューミリティとヒューマニティという二つの言葉は、単に響きが似ているだけではなく、本質的なつながりをもっているのです。ビノーバはそのこと――ヒューミリティなしにヒューマニティはない――ということを、完璧に理解していたのです。

サルヴォダヤ――すべてのものの目覚め

ブーダーンという考えについて、ビノーバはいつも言っていました。「ブ」は土地、「ダーン」はサンスクリット語の「ダーナ」

と同じ言葉で、贈与やギフトを意味します。その「ダーナ」は、『バガヴァッド・ギーター』の最も重要な概念の一つです。贈与というのは、「チャリティや慈善や施しではなく、シェアリング（分かち合い）である」、と。なぜシェアが成立するかと言えば、「そもそも神が創ったこの土地は、すべての人、すべての生きもののたちのためにあるのであって、誰一人としてそれを所有することなどできるわけがない。全生命がその恩恵を享受するという権利をもっているという意味で、私たちの大地とのつながり方は、シェアという形をとる他にない。土地を寄贈する側がちょっとでも優越感をもったら、その途端にもう、ダーナ（ギフト）はダーナでなくなってしまう。ダーナとはヒューミニティ（謙譲）に他

ならない。だから差し出す側は、ダーナができるという貴重な機会をいただいたことを、受け取る人に向かって感謝する。そうした謙遜の心こそがダーナなのだ」、と。「本当の感謝は、受け取る側よりもむしろ差し出す方にある」、とさえ、ビノーバは言っていました。差し出される方はある意味、自分が生きていく上で当然受け取るべきものを受け取るわけです。

ビノーバの英語の本に『ムーヴド・バイ・ラヴ』というタイトルがつけられています。この「愛によって動かされる」という言葉が大事なのです。これこそ、今話したダーナです。愛によって動かされて、何かを与えるときにしかダーナは成り立たない。それは、自然への愛によって、貧しい人々への愛によって、そしてこの世界への愛によって動かされて初めて、ダーナなのです。

ダーナを受け取る側も全く同じです。与えることと与えられることというのは、実は二つの別々の現実ではなくて、同じことの二面です。そして私たちの全員が、ギヴァー（与える者）であり、同時にレシーヴァー（受け取る者）なのです。

彼は村の滞在を締めくくる講演では、よくこういうことを言っていました。「土地の贈与は単なる手段にすぎない。それを通じて私たちが目指しているのは、共感に基づく社会をつくること。そしてこれは、単に物質的に豊かなのではなく、本当の意味の豊かで、幸せなインドへと向かう道でしかないのだ」、と。

あれだけ歩いた彼ですが、大都市には行かなかった。デリーにはネルー首相に言われて、あのときだけ行ったけれど、それ以外は行かなかった。ムンバイもカルカッタも行かなかった。彼はこう言ったものです。

「我々が大都市に行くのではなく、大都市の人たちが村に来なければいけない。なぜなら、我々が今実現しようとしている革命は産業革命ではない。産業の革命ではなくて社会の革命であり、同時に生き方の革命なのだから。そして、その革命の中心は農耕にこそある。私たちの生の基盤である農耕を核とする世の中をつくっていこうというのだ。だからこそ、その農耕を行うための土地が問題なのだ。これは、大地と我々がどのようにつながり直すかをめぐる革命だ。だから、この革命に参加しようと思うなら、都会に住む人々が農

村に来なければ話にならない」

ブーダーンは土地の贈与ですが、その他にもいろいろなダーン（ダーナ）がありうるわけです。Ａダーン、Ｂダーンというふうに。土地をもっていない人でも、その他のものを贈りものとして差し出すことができる。道具を差し出すこともできる。水がない村には井戸を贈る。どんなものでもいい。労働でもいい。知的なことでも、精神的なことでもいい。ただ条件を付けないで、見返りを全く期待しないで差し出すものなら、何であっても、それはダーナ。誰もが与え合うというこのシェアリングによって、本当の意味での社会の豊かさが生まれるのです。

「武器によって、強制によって本当の意味の変化をつくり出すことはできません。また政府や法律などが上からつくり出してくれる変革を待っていてはいけません。本当の意味での変革は心の変革であり、すべては自分の心から始まるのだ」、とビノーバは説きました。

彼は自分の変革運動を「サルヴォダヤ」と呼びました。これはガンディーが提唱した言葉です。共産主義は武器によって、社会主義は法律によって変革をもたらそうとする。それに対して、サルヴォダヤ運動は「心による変革」だと言うのです。「サルヴァ」は「すべて」、「ウダヤ」は「上がる」という意味で、合わせて、「すべてのものが、太陽が昇るように上っていくこと」、となり、さらに「すべてのものの目覚め」を意味することになります。「最大多数の最大幸福」というのが西洋近代の合理主義の考え方ですが、ガンディーやビノーバにとっては、「最大」ではなく、「すべて」でなければならなかったのです。一人の人もそこから除外されてはならない。さらに大事なのは、「サルヴァ」が人間だけにとどまらない〃生命のすべて〃を含んでいることです。

贈与《ダーナ》の経済学

では、こうしたビノーバのメッセージの今日的な意味は何かを考えてみましょう。

第一に私が挙げたいのは、経済の基本はダーナ、つまりギフトであるということ、です。自然を見ればすぐにわかります。自然界の経済はすべてギフトによって成り立ち、維持されているからです。太陽の光、雨、土…、これらはみんな純粋な贈与です。太陽と雨と土からのギフトは草や木です。草木からのギフトは、果実や穀物です。

すべてギフトによって成り立っている自然界の経済には、商品というものが存在しません。なぜなら、売ることも買うこともないからです。ただただ、与える、与える、与える。これが自然界の経済です。

人間界における真に人間的な経済とはどんなものでしょう。人間はみな自然界から生まれ、そこで養われる〝自然の子どもたち〟なのだから、本来の人間の経済もまた、自然界の経済と同じであるべきでしょう。母と子の関係を見ればわかります。母親は子どもにただただお乳を与えます。人が死ぬときもそうです。死ぬ人はただただすべてを手放し、あとに残る人々に与える。

これは今でもなくなっていません。今でも、自然界の経済は営々と続いており、そして本来の人間界の経済も動いているんです。そして少し歴史をさかのぼってみれば、貨幣というものが発明され、普及する前は、何万年、何十万年にわたって人間の経済はすべて贈与経済だったのです。売ったり、買ったり、商品化したりという現象は、つい最近、ほんのこの数百年の間の発明にしかすぎません。

自分が与える存在であればこそ、何かギフトを受け取ったときにはそれが喜びに成り得るわけです。ギフトを与えることとギフトを受け取ることは、別々には存在できません。だからこそ、ギフトはギフトを生み出すという好循環が生まれます。与えることと受け取ることは一つです。だからそこにはもっと、もっと、と限りなく求める欲求や、そこから生じる悩みや苦しみがありません。それが自然の経済というものです。大地に天からの雨というギフトが注がれると、今度はその土が木を育て、その木は自分の実をどんどんとつけるという形で、贈与の好循環が展開します。

これとは対照的に、お金というものは贈与にではなく、「負債」に基づいています。現代は、銀行から個人や組織や政府がお金を借りて、暮らしやビジネスや政治を成り立たせるということが経済の基本になっていますが、そこには自由はありません。人々はみな負債という重荷によって縛られるのですから。

現代人へのビノーバのメッセージは、お金とは単なる手段以上のものであってはいけない、ということです。お金を、まるでそれが目的であるかのように見なしたり、扱ったりしてはいけない。しかし現代世界は正にそうなってしまっている。まるでお金が主人で、人々がそれに仕える奴隷のようになってしまっている。お金が人をコントロールしたり、人の価値を決めたり、争いを引き起こしたり…。

こうしたお金と負債を基本にした経済の対極に、ビノーバはダーナという言葉を置いた。そしてこれを来るべき世界の合言葉として提案したのです。これまでは寄付とか寄贈といえば、宗教や慈善事業などのことだと思われていた。でもこれからは、「人生におけるすべての行為がダーナだ、人生とはダーナなのだ」、と考えよう、と。

先生たちが教えるのはダーナであり、贈りものなのです。それに対して子どもたちは感謝の気持ちを何らかの形で表現する。そうすれば、師弟の間には本当の意味での敬意が行き交うでしょう。しかし、なんでもお金で買っている、売っているという関係の中には何もない。芸術だってお金で買えば、それは単なる商品にすぎない。それを買った人は、見返りを求めないギフトとしてそれを受け取るという喜びを永遠に失ったのであり、つくったアーティストも本当の意味での感謝というギフトを受け取る機会を逸したのです。

決して一部の特別な人だけでなく、すべての人には与えるものがあり、誰もがダーナの力をもっている。その力こそが、豊かで幸せな世界をつくり出す原動力なのだ、とビノーバは確信していました。

これがブーダーンと言われるあの運動の背景にある思想です。ブーダーン、つまり土地の贈与というのはただ一つの表現にすぎない。その背後には、世界がどのように成り立っているかという、この世界観があったのです。

聖なるエコロジー

もう一つ、深刻な自然破壊を引き起こしてきた現代人への彼からの大事なメッセージとして、私はエコロジー思想をあげたい。単なる科学としてのエコロジーではなく、空気と水と土と火という、自然界の四大元素を神聖なものとして敬うという〝聖なるエコロジー〟です。

現代社会は、自然を資源と見なして自分たちの好きなように使い、それを汚したり壊したりすることがまるで当然のことのように振舞っています。そこでは、人間の生存のために最も重要なものであるはずの自然界の四大元素さえ、まるで〝アイシング・オン・ザ・ケーキ〟、つまり、ケーキ本体ではなく、その上に白く塗ってある白砂糖みたいなものに貶められている。本来は逆なのです。今私たちが祭り上げている政府とか法律とか会社とかメディアこそ、実はケーキの飾りにすぎないのです。

ブーダーンの「ブ」とは単なる土地ではない。人間が農耕や居住のために使う土地は、巨大な大地のほんの一部なのです。土地問題とは、だから、単なる土地の問題ではなく、大地、そしてそれを含む自然界のすべての問題です。

人間が自然界の一部としての土地との関係をしっかりと理解して、それにふさわしい生き方をすることができれば、他のことはすべてうまくいくでしょう。でもそれができなかったら、すべてが崩壊してしまう。そういうものとして、ビノーバはブーダーン運動を自分の活動の中心に据えたのです。

科学技術というのも、本来は、ちゃんとした大地との関係をつくっていくための方法であり、手段だったはずです。でも今ではそれが主人公になってしまっている。そして逆に、その科学技術が空気を、水を、土を汚し、損なっている。そしてその結果、人類の生存が脅かされている。どうしてそんなことになるのでしょう。それは、科学技術を祭り上げている私たちが、自然界の四大元素を単なる資源と見なしてきたからです。一時の快楽やお金儲けの材料としてしか見ないからです。

ではどうすれば、そんな状態から抜け出せるか。答えは、自然界が神聖であるという意識を取り戻すことです。神聖であればこそ、それに対する敬意を、そして感謝の気持ちを取り戻すこともできます。そうすれば、私たちの日々は感謝に満ちたものになります。

「ありがとう、木よ。私たちに日陰をつくってくれて。ありがとう、食べものを与えてくれて。そしてこの家の材料になってくれて…」

惜しみなく降り注ぐ陽光、恵みの雨、そしてすべてを生み出し養う大地。自分の身に余るその寛大さに対し、その恩恵に対して、感謝とともに、「自分にも何かをさせていただきたい」、という心が起こる。例えば、田畑に休息を与えるとか、堆肥をつくって土に還すとか、木を伐った後に植樹をするとか…。自然への感謝の気持ちを表し、自分にもできることがあれば奉仕し、返せるものがあれば返し、補えるものがあれば補う。こうした態度のことを「ヤグナ」といい、それはダーナと並ぶ『バガヴァッド・ギーター』の中心概念です。

恐怖から抜け出そう

ビノーバの生き方の基本は、「今を祝福し、未来を信頼する」、ということです。今を祝福するとはどういうことか。「すでにこれまでに与えられてきたすべてを祝福する」ことだと、ビノーバは言います。

この私たちの存在そのものがギフトです。そう思えば、ほら、もうこんなに与えられている。このギフトとしての身体を祝福するのです。そしてこの目に映ること、その中に美を見出すことができること。この手で触れることのできるすべて、感触を楽しむこと。耳に聞こえてくるすべて、そして聞くことができるということの事実。このランの花の香り、そして匂いを嗅ぐことができるということ。そして今、あなたがたとこうして話ができること。考えることができるということ。想像することができること。ものをつくることができること、そのための手があるということ…。これらすべてを祝福する。そうすれば、それが自信になります。誇りになります。もう不安はありません。

私たちに与えられているあまりにも多くの、溢れんばかりのギフトに気づいてください。太陽の光、樹木、花の香りに満ちた空気、私が今もっているカップの中のジャスミン茶…。この自然界のすべて、いや、この宇宙のすべてが私のためにせっせと働いてくれている。

太陽が私を生かし、私にこの手を動かすエネルギーを与えてくれている。空の雲たちは私に水をもたらすために働いていてくれている。そして私が二十四時間絶え間なく呼吸できるようにと、空気がここにある。土は私に食べものをつくってくれている。そしてこの手はその土に働きかけることによって、必要なものをつくり出すことができる。私には意識があり、知識があり、心があり、魂がある。

そのことに気づき、それを祝福する能力を見失ったときに、恐怖はやって来ます。「ちょっと不安になったら、怖くなったら、ただ周りを見回してごらん」、とビノーバなら言うでしょう。「この世は限りないギフトで溢れているじゃないか」、と。

それだけではない、「ブッダが、キリストが、老子が、芭蕉が、シェイクスピアが素晴らしい贈りものを遺してくれた。それらもみな、あなたに与えられたギフトなのだ」、と。建築物、陶器、織物、音楽、踊り…、それらすべてが私たちに与えられている。自然が、文化が、芸術が、すべて惜しみなく与えられているのに、なぜ、私たちはなお心配し、怖れ、怯えているのか。

大きな理由はお金です。お金こそが自分に安全と心の平安を与えてくれるという間違った思い込みのせいです。「お金で安心が買える」、というのが、現代世界のスローガンです。そしてみんなそれを信じてお金に群がっている。でもそれは幻想にすぎません。お金を追

いかければ追いかけるほど、不安は、恐怖は高まります。私たちの安心と平安の基礎は、私たちにすでに与えられた、このあり余るほど豊かなギフト以外にはない。心の平安に、社会の平和に何らかの保障があるとすれば、確実なのは、それは決してお金でも、暴力でもないということです。

日本の皆さんに、ぜひこのことに気づいていただきたい。ただただ気づきさえすればよいのです。自然と文化とアートにこそ、本当の平和と安全と安心の保障があるということに。今すでに与えられているものに気づき、それに感謝し、それを祝福できたら、未来にはもう不安も怖れもない。こう信じていいのです。あなたがつくるどんな立派な未来計画よりも、凄い計画を宇宙はもっている。しかし、なぜか私たちは宇宙への信頼を見失って、この偉大な計画の外側で、自分たちの未来はどうなるのかとあれこれ心配し、不安になって、必死にあざとい計画を立てようとします。でもそんな計画など、ない方がいいんですよ。

人生のアーティストになろう

多くの日本の若者にとって、恐怖の元は雇用と職でしょうか。よい雇用を求めて得られれば、未来が確実になり、恐怖から自由になれると思っているかもしれませんね。でも、どうでしょう。雇用の代わりに、スキルを手に入れようと考えたら？　真の意味での生きる技術を手に入れるのです。その意味のスキルは、アートといってもいい。家を建てる技術、家具をつくる技術、ガーデニングの技術、料理という技術、陶芸、織物、その他、さまざまな種類の技術や工芸…。その可能性はすでにあなた自身の中にある。あなたにとってのセキュリティ、あなたの人生を保障するものは、もうすでにあなたの中にある。ただ、それに気づけばいいのです。ビノーバが生きていればきっとそう言うでしょう。

現代風にいえば、どこかの会社のCEOを目指すのではなくて、あなたの人生のCEOになりなさい。そしてあなたの人生に本来属しているもの、つまり時間と可能性を、お金に換えてはいけない。人に売り払ってはいけません。

さて、人生の目標とは何でしょう。それは生きる歓びを見出すということではないでしょうか。私はさきほど、人生を形づくっている基本要素としての四大元素の話をしましたね。空気、水、土、火（太陽）に、もう一つ、五番目の要素をつけ加えるとすると、それはなんだと思いますか。それは想像力なのです。この世界のすべてのものは、この五つの要素からできている、と私は思っています。

どこかの会社——例えば、誰もが知っているようなグローバル大企業——で職を得るということは、自分の存在になくてはならない五番目の基本要素を見捨てて、想像力という貴重な能力を全く使わないで生きることを選択する、ということを意味します。ある仕事によって、それが仮に自分に十分な収入をもたらし、経済的な保障が得られるように思えたとしても、それは、あなたが生きる歓びを見出し、真の意味で満足することにはなりません。いやむしろ、その雇用が歓びや満足を妨げる役割を果たしかねません。

失敗することへの不安や恐怖もあります。自分の想像力と、自分が本来もっている可能性を信じることができず、大会社といった組織に頼る。一度依存し始めた人は、一度失敗したらそれで人生は終わり、という恐怖にかられてしまう。でも本来、失敗こそは、創造の力が湧き出す泉なのです。失敗するからこそ、自分の才能を見つけることができるし、自分を磨き、伸ばすことができる。実は、失敗こそが宝物なのです。失敗もしないで過ごすほど、貧しい人生はありません。だから、すすんで失敗を迎え入れ、抱き締めてあげることです。

私たち一人ひとりにとっての本当の意味での富、豊かさとは、想像力であり、創造性であり、そして生きる技術としてのスキルであり、アートです。これらを見つけられれば、必要なお金は後からついてくる。本来は馬が馬車を引くはずなのに、今ではまるで馬車の方が馬の前にあるような状態なのです。

ビノーバ流教育革命

本書『怖れるなかれ《フィアー・ノット》』には、ビノーバが教育について述べた一章があります。その中で彼は、現代の教育が恐怖の温床になっていると言っています。現代の教育は、私たちにとって本当の宝物であるはずの生きる技術を奪い取っている。「ディ・スキル」、つまり技術剥奪こそが現代教育の基本テーマだ、と彼は考えていた。自分でつくる能力をすべて奪われ、学校を出たときには何一つできない。ただスマホやパソコンができたとしても、さてそれで何をしたらよいのか、全然わからない。そして自分のうちには不安と恐怖しか育っていない。

ですからビノーバは、「ディ・スキル」に対して「リ・スキル」、つまり、生きる技術、生きるアートの取り戻しを提唱し、それこそが教育革命の要だと言ったのです。教育とはそもそも何のためでしょう。ビノーバの答えは明解です。人々が再びさまざまなスキルやアートを手に入れて、自分の可能性を次々に見出し、磨き、人生を豊かで楽しいものにするために必要なことは何でもできる人になっていく。そしてそのスキルやアートをもって自然や社会に奉仕し、人々にギフトを与え、自分の足でしっかりと立って、本当の意味での自立を成し遂げていく。それが真の教育というものでしょう。

ビノーバははっきりと言っています。教育を受けた人であればあるほど、教育水準が高ければ高いほど、恐怖に駆られている。一方、お百姓さんや職人さんたちには何の恐怖もない。そしてもちろん、最も教育を受けた人たちが、世界に対して最も大きなダメージを与えている。核兵器みたいなバカげたものをつくり出したのは誰なのか、と彼は問います。環境破壊を引き起こしたのは誰でしょう。気候変動を引き起こすほどのさまざまな機械類をこの世の中にはびこらせたのは誰なのでしょう。もちろん、それはハーバード大学、オックスフォード大学、東京大学などをはじめとするエリート養成機関で、一番高い教育を受けた人たちです。

そんなわけで、現代教育というのは決して問題解決の一部《パート・オブ・ソリューション》ではなく、問題そのものの一部、すなわち、問題の原因なのだ、とビノーバは指摘しました。そうだとすればもう一度、こうした現代社会の原理をひっくり返さなければいけません。問題の一部としての現代教育をひっくり返して、今度は、問題解決の一部となる本当の教育をつくらなければならないのです。

最も教育を受けた人たちは、単に恐怖をつくり出したり、自然を壊したりする人たちであるばかりでなく、本人自身が不安を抱えて怯えている、気の毒な人たちでもある。それが教育の悲しい現状です。そんな教育を逆転させて、人々に生きる歓びを与えるような本来の教育へとつくり替えていこうというのが、ビノーバの提案でした。そして、こうした彼の考え方の延長上に生まれたのが、私自身が創立以来かかわってきた「シューマッハー・カレッジ」に代表される教育運動です。

その中心にあるのが、「アート・オブ・リビング」、つまり「生きる技術」、「生きるアート」、という考えです。私たちは、誰もがみんな〝特別なアーティスト〟であると考えています。ところが今主流の教育というものは、本来、生きることに長けた技術者であり、

アーティストである私たちを、ただの消費者へと切り縮めようとしているのです。

生きるというそのこと自体がアートなのです。だから私たちみんながアーティストであり、芸術家なのです。アーティストとして生きるとは、想像力を発揮して、そして創造性をフルに発揮して、生きる歓びを見出しながら生きるということ。何でもその人生から生み出される美しいものをギフトとして世界へと差し出し、与えていく。アーティストは自分のためにつくっているのではありません。つくるという行為自体が贈りものなのです。私はあなたのためにつくる。あなたは私のためにつくる。互いに与え合い、報い合うという、それがビノーバ流教育学であり、経済学です。

エレガント・シンプリシティ

今、私は「シンプリシティ」つまり、「簡素」について新しい本を書いています。その中心に「エレガント・シンプリシティ」という概念があります。シンプルは美しく、また美しいものはシンプルだということです。これはビノーバが使った言葉ではありませんが、明らかに彼は、それを言おうとしていたのです。ものごとを複雑にすることはどんなバカでもできる。でも、ものごとをシンプルにするのは天才だけができるのだ、という考え方です。

本書の四章にあったように、インドには「カルマ・ヨガ」という技法があります。ヨガといえば、アーサナという身体的なポーズのことを連想する人が多いと思いますが、「カルマ・ヨガ」は日常生活における言動や意識のあり方にかかわる実践です。これは、世界中のすべての命がつながって、調和をつくり出しているということを、日常の暮らしの中で見抜くアートだといえます。一方、現代の科学技術が基本にしているのは「分離」です。つながりや調和を世界に見出す力が失われて、今では区別や分類や分離が基本テーマです。例えば、イスラム教とキリスト教がどう違い、どう区別されるかということだけに焦点を合わせる。分離が複雑性を生み出すのです。

インドで古代から使われてきた「アドヴァイタ（不二一元）」という大切な言葉がありま す。その考え方は、いわゆる二元論に対して、物事の一元性、そして一体性に注目します。自然と文化は一体である、神と世界とは一つである。物質と精神は一つである、というふうに。

一見、矛盾し、対立しているように見える現象の、もっと深いレベルにある一体性や融和に気づいた瞬間に、すべての矛盾や対立は解けていく。そこにあるのは、シンプルな美しさです。一方、分離の思想や分離の哲学——つまり分離を基本テーマとする世界の見方からは逆に、怒り、エゴ、驕り、貪欲、不安、恐怖などが生まれ出て、複雑に絡み合います。

すべてが一つであり、一体であるとわかりさえすれば、私たち自身がその全体の一部ですから、すべての矛盾は解消し、対立をする必要もないし、喧嘩をする必要もない。不安や恐怖もなくなる。誰が私を世話してくれるのかって？　もちろんあなたが私を世話してくれるし、木が、太陽が、雨が、いや宇宙全体が私を世話してくれる。だから何の心配もいりません。というわけで、恐怖の克服、そして自信の回復のためには、何よりも世界の一体性に気づくことです。複雑に考えてはいけません。実は、真理も美も、とてもシンプルなのです。

ビノーバの思想について私なりに思うところを語ってきました。これが私の中に生きているビノーバです。さて、どうでしょう。結構、現代的でしょ？　この世界の危機が深まりつつある今、彼の考えは古びるどころか、ますます輝きを増しています。汲めども尽きぬ泉のように、現代に生きる我々は、そこから多くのヒントを、答えを、そしてインスピレーションを得ることができる、と私は確信しています。

最後に一言、「フィア・ノット（怖れるな）」というメッセージを日本の皆さんに送ります。仏像によくある、右の手の平を前に向けたポーズは、アバヤ印と呼ばれ、「怖れるなかれ」の意味を表しているといわれます。そこに、ブッダの思想が凝縮されています。ブッダの像はそのメッセージを無言で、ただ手印で示しているわけです。

それでも怖れを感じたら、何が本当のニーズなのかを理解するようにつとめてください。実は、自分を助け、自分の本当のニーズを満たすことができるのは、あなた自身なのです。あなたは自分の能力を、可能性を、束の間、見失っていただけなのです。

あなたはただの無価値な存在ではありません。それどころか、あなたはブッダにも、キリストにもなれる、限りない可能性を秘めた人なのです。

言い換えれば、あなたは、自分が本当は何者なのかということをただ思い出すだけでい

いのです。そして、「ああ、これが自分の本来の姿なのだ」、ということを思い出した途端に、恐怖はもう消えてなくなっています。

あなたは可能性のかたまりです。あなたは人生のアーティストであり、特別でスピリチュアルな存在です。よき人生を送るために必要なすべてをあなたはすでにもっている。ただただ、そのことを思い出してください。

（聞き手　辻信一・上野宗則・山根雅之）

編訳者あとがき

本書『怖れるなかれ《フィアー・ノット》』は、『The Intimate and the Ultimate』（ビノーバ・バーベ著、サティシュ・クマール編）の日本語訳である。原書はビノーバの死後四年たった一九八六年に出版された。サティシュがビノーバの数々の論考や講演の中から選択したものを編集、そこに自らのイントロダクション（解説）を加えたものだ。

本書の翻訳編集にあたって、ぼくはサティシュからの許可を得て、原書から一つの章全体を割愛、他の章も部分的に省略させていただいた。一方で、原書出版後三十年以上を経て、今改めて、ビノーバの思想を日本に届けるにあたり、昨年末タイに滞在中のサティシュを訪ね、二日間にわたるインタビューを行ない、それを日本の読者のための解説として本書に加えることになった。

原題は、韻をふむ二つの英単語からなっている。それぞれを直訳すると、intimate は「親密さ」や「関係の近しさ」を、ultimate は「究極」や「最高」を意味する。同韻の、しかし、ほとんど対極をなすこれら二つの言葉を、一息で結んでいるところに、ぼくは編者サティシュの詩心とともに、深い洞察を感じるのだ。

そこには、生涯にわたって究極の真実を追求した行者であり思想家であったビノーバが、同時に、村から村へと歩いては、民衆の中にとけ込み、老若男女誰からも家族のように慕われる存在でもあったことが表現されているようだ。本書にはビノーバの敬虔な信仰心、厳粛な倫理観、そして禁欲的としか表現できないような暮らしぶりが随所に見出される。しかし、その一方で、「禁欲」などという否定的な言葉には到底収まりきらない、底抜けの快活さ、明るさ、そして笑いが散りばめられている。学者であり、飽くことなき知の探究者であった彼は、同時に自らを、無学、バカ者、クレイジーなどと呼ぶことを好んだ。

ビノーバのこうした両極性は、本書の隅々にまで主旋律のように響き渡っている。思えば、この両極性は、ぼくが親しき友人として、また、師《グル》として敬愛するサティシュという人物にも共通する特質なのだ。インドで一生を過ごし、しかも田舎から都会にすらほとんど出ることがなかったビノーバと、二十五歳から二年半をかけて反核・平和のために金銭をもたずに歩いて世界を一周したのを皮切りに、世界各地で共感の輪をつくり、広げてきたサティシュ。一見、対照的に見える二つの人生だが、実は二人の間には、同質のエネルギーが脈々と流れているのだった。

彼らのライフスタイルと、それを取り巻く歴史的文脈は異なっているように見えても、ソイル・ソウル・ソサイエティという三つのS言葉でサティシュが表現してきた、エコロジー・スピリチュアリティ・社会という三つのテーマを見事に統合するその思想のあり方は共通している。

無駄なものを削ぎ落としたシンプルでエコロジカルな生き方。人生そのものがアートであり、誰もが特別なアーティストであるという人生哲学。透徹した社会批判とラジカルな変革の思想。愛とダーナ（贈与）に基づく経済学。澄み渡るように清々しく、しかも力強い霊的なパワー……。

その意味で、ぼくの勝手な思い込みの中では、本書は、ビノーバ昇天後三十五年にしてやっと実現した二人の同志の共著書なのである。

本書のタイトルである『怖れるなかれ《フィア・ノット》』についても触れておきたい。この言葉は、「私たちの内に生きるビノーバ」と題されたインタビューの中で、サティシュが締めくくりのメッセージとして選んだものだ。サティシュによれば、仏像によくある右の手の平を前に向けたポーズによって表現される、この「怖れるなかれ」の一言にこそ、ブッダの思想が、そしてビノーバの思想が凝縮されている。そして、それを、特に日本の読者のために贈りたい、とサティシュは言うのだった。

ぼくはこの言葉を、サティシュとビノーバからのダーナ（贈りもの）として感謝とともに受け取り、本書の題名とすることによって、読者の皆さんとともにその恵みを分かち合いたいと思う。

この私たちの存在そのものがギフトです。…「ちょっと不安になったら、怖くなったら、ただ周りを見回してごらん」、とビノーバなら言うでしょう。「この世は限りないギフトで溢れているじゃないか」…すべてが私たちに与えられている。自然が、文化が、芸術が、すべて惜しみなく与えられている…（本書二四三〜二四四頁）。

すべてが惜しみなく与えられているなら、もう、何を所有する必要も、何に執着する必要もない。貯め込む必要も、争う必要もない。経済学も政治学も必要ない。もう怖れることはない。だから楽しく生きよう。ブッダも、ビノーバも、サティシュもそう言っているのだ。

「われらは一物をも所有していない。大いに楽しく生きて行こう。光り輝く神々のように、喜びを食《は》む者となろう」（『ブッダの真理のことば・感興のことば』中村元訳、岩波文庫）

愛と共感の心をもって本書を企画し、プロデュースしてくれた上野宗則、そして共訳者として支えてくれた中久保慎一、という二人の友人たちに感謝する。

二〇一七年秋　　辻　信一

謝辞

いつの頃だったか、仕事のあり方に悩んでいた僕は、サティシュの著書、『君あり、故に我あり』（講談社学術文庫）にあった次の言葉に目を開かされた。

「我々は行為を捨てることはできない。行為は我々の前にあり、後ろにある。じっと座っていることすらも行為だ。あまりにも長い間じっと座っていれば、それさえも快適ではなくなる。だから、我々は行為を捨てようとする必要はない。我々が捨てることができるのは、結果についての願望なのだ」

その言葉の主こそ、ビノーバ・バーベだった。敬愛するサティシュに、自然と社会と自己を育む三位一体の思想の種を植えつけたこの人物に、僕は大いに興味をもった。さっそく著書を読んでみようと探したけれど、見つからない。日本では、彼自身による著書は、出版されていなかったのだ。

その後、サティシュと親交のあった辻信一さんと出会い、僕は〝ようむ員〟として、本や映像の制作、ゆっくり小学校の運営を共にするようになった。そして幸運にも、サティシュの日本ツアーにも携わることができた。そのツアーの中で、「ビノーバの本を日本で出版したい」、とサティシュに申し出たところ、快諾してもらった。念願叶い、ようやく完成したのが本書である。僕の人生を変えてくれたビノーバを、こうして日本で紹介できることが感慨深く、畏れ多くもある。

制作にあたり、多くのサポートをいただいた。本書を美しく飾っているビノーバの写真はすべて、写真家のガウタマ・バジャージ（Gautam Bajaj）さんによるものである。ガウタマさんは、ビノーバと共に歩きながら撮影を行い、写真集『Vinoba Darshan』を出版された方だ。この写真集には「ビノーバ翁はいつも、所有権を放棄するように勧めておられた」と、〝コピー・レフト（著作権放棄）〟のメッセージが丁寧に記されている。転載を願い出たところ、「自由に何枚でも使ってください」と、快く許可してくださった。写真に添えられたビノーバの名言も、この写真集に載っているものである。

サティシュへのインタビューは、タイのチェンマイにある、〝USAATO《うさと》 SIAM《サイアム》〟の美しいオフィスの一室を使わせていただいた。〝うさと〟は、タイやラオスで、手紡ぎ、天然染め、手織りの服を製作する会社である。デザイナーのさとううさぶろうさん、ソムヨット・スーパーポーンへミンさん、山根雅之さんをはじめ、スタッフのみなさんのご厚意に、心から感謝している。

以前から日本にビノーバのことを紹介されてきた、坐禅断食の指導者、野口法蔵さんにもご教示いただいた。この場を借りてお礼を申し上げたい。ありがとうございました。

二〇一七年秋　　上野宗則

参考文献

『世界の黎明：ガンヂイに続く人ヴイノバとその運動』（アジア農民提携促進協会）
著：児玉亀太郎
『君あり、故に我あり』（講談社学術文庫）
著：サティシュ・クマール　訳：尾関修／尾関沢人
『ギータープラワチャン：至高者の歌・講』（よろず医療会ラダック基金）
著：ビノーバ・バーベ（ヴィノバ・バーヴェ）　訳：池ノ谷由里子
『タゴールとガンディー』（上）（よろず医療会ラダック基金）
著：牧野財士
『タゴールとガンディー』（下）（よろず医療会ラダック基金）
著：牧野財士　編：野口法蔵
『ガンジー自立の思想―自分の手で紡ぐ未来』（地湧社）
著：M・K・ガンジー　編：田畑健　訳：片山佳代子
『ガンジーの教育論』（発行所：ブイツーソリューション　発売元：星雲社）
著：M・K・ガンジー　訳・編：片山佳代子
『ガンジーの危険な平和憲法案』（集英社新書）
著：C・ダグラス・ラミス
『身の丈の経済論　ガンディー思想とその系譜』（法政大学出版局）
著：石井一也
『ガンディーと使徒たち―「偉大なる魂（マハトマ）」の神話と真実』（新評論）
著：ヴェド・メータ　訳：植村昌夫

ビノーバ・バーベ（Vinoba Bhave／一八九五－一九八二）
インドの思想家。社会運動家。インド・マハーラーシュトラ州コラバ地区ガゴダ村（現ライガット地区ガゴダバドラック）生まれ。マハトマ・ガンディーの第一後継者として、非暴力・不服従運動（サティヤーグラハ）を指導。サルヴォダヤ（万人の飛躍）思想に基づく社会運動を展開するなか、大土地所有者が自主的に貧困層への土地の贈与を行う土地寄進運動（ブーダーン運動）を推し進めた。

サティシュ・クマール（Satish Kumar／一九三六－）
思想家。『リサージェンス＆エコロジカル』誌名誉編集者。「スモール・スクール」、「シューマッハー・カレッジ」の創設者。一九三六年、インド・ラージャスターン州生まれ。ジャイナ教の修行僧から還俗。核廃絶の平和巡礼のため約一万三千キロの道を無一文・徒歩で二年半かけて踏破。一九七三年より、経済学者E・F・シューマッハーの呼びかけに応じて、イギリスに定住。

怖れるなかれ《フィア・ノット》
愛と共感の大地へ

二〇二二年十月二十二日　第二刷発行

著者　ビノーバ・バーベ　サティシュ・クマール
翻訳　辻信一　中久保慎一
編集　辻信一　上野宗則
発行者　上野宗則
発行所　株式会社素敬
SOKEIパブリッシング
山口県下関市椋野町二－一一－二〇
http://www.yukkuri-web.com
info@yukkuri-web.com
電話　〇八三－二三二－一二二六
FAX　〇八三－二三二－一三九三
校正・デザイン　上野優香　福田久美子
協力　久松奈津美　安田なぎ子
有限会社うさとジャパン
印刷・製本　瞬報社写真印刷株式会社

ISBN978-4-9905667-8-4